古代の皇位継承

天武系皇統をめぐる「祟り」と「天罰」

宮澤和穂

慧文社

はじめに

初代神武天皇から皇位は連綿と継承され、今上天皇は第一二五代となる。ただ、「日本」という国号とともに、君主号である「天皇」は、第四十代天武天皇、第四十一代持統女帝から始用されたと考えられるから、「日本国天皇」の皇位継承は天武・持統朝からであったと言える。

その皇位継承の舞台裏だが、実は古代においてはきわめて複雑な様相を呈していた。そこでは様々な思惑が錯綜し、政権掌握に関わる巧妙な策謀が、絶え間なく展開されていた。

また、現在ではほとんど忘れ去られた摩訶不思議な力が、更に混沌とした状況を生み出していた。それは、不本意な死を遂げた死者の怨霊による「祟り」であり、神聖な誓盟に違背する行為によって神仏からくだされた「天罰《あまつつみ》」であった。

この「祟り」と「天罰」を鎮撫し、忌避しようとする願望は、多くの霊妙な呪的行為を生み出した。そして、その主体が皇位継承に関わる時の権力者であったため、そこには大きな政治的影響力が内在していたのである。本書で扱う「草薙剣の祟り」や「大津皇子の祟り」はその代表例と言える。

更に、霊妙な呪的行為は、あくまで個人的な滅罪の意識と鎮伏除災の願望に基づくため、同時代人からさえ理解されず、賛同を得られない場合があった。ましてや現代人からは奇行や彷徨とされ、不可解な行為として、その本来の意義を見過ごされてしまうことが多い。本書の「物部麻呂の改姓」や「持統女帝の吉野行幸」などはその典型である。

他方、「祟り」や「天罰」が信憑された社会においては、これを政治的に利用し、政敵の業績や政策を否定した上で、自らの願望を達成しようとする者も現れた。本書の「天武天皇の病因占い」がこれに該当する。

たとえ意図的に創出された「祟り」であっても、祟られた当事者にとっては大きな恐懼となり、それまでの方針や今後の構想への懐疑を誘う。また、周囲の人々も「祟り」に煽動され、祟られた者への猜疑心を形成するには十分な効果をもっていた。

このように、古代のできごとには、現実的な目的、思惑や策謀などの顕界的要因と、「祟り」や「天罰」の恐怖を鎮撫、忌避しようとする冥界的要因があった。そして、この両因を追究することにより、はじめて真実の古代史に近づけるのではないかと考える。

当然のことながら、古代のできごとすべてが、この両因に基づくとし、追究すべき必要性を主張するものではない。むしろ、顕界的要因のみの場合が多い。

それでも、冥界的要因が起因しているできごとも存在した。例えば、六八六（朱鳥元）年六月十日、天武天皇の病因が占われ、「草薙剣の祟り」と導き出された。天皇の発病、そして死に至らしめた病因が「占い」によって診断され、「祟り」と判断されたことが、政府編纂の正史『日本書紀』に記されている。

これが古代の公式見解である以上、冥界的要因の追究は不可欠な一視点であると言える。われわれには理解しがたいが、短絡的に非科学的と評価し、迷信的行為と判定してはなるまい。詳しくは本文で扱うが、この病因占いは皇位継承にも大きな影響を及ぼしているから、これを安易に看過することはできない。

　祟りや鎮魂の歴史について、近年の一般書としては『日本の怨霊』（大森亮尚・平凡社、二〇〇七）や『跋扈する怨霊』（山田雄司・吉川弘文館、二〇〇七）、『怨霊の古代史』（堀本正巳・北冬舎、一九九九）などに学ぶことができる。だが、『妖怪と怨霊の日本史』（田中聡・集英社新書、二〇〇二）が「八世紀、死者たちは政治的な影響力をもつようになり、歴史の動静に参画し始めたのである」と記すように、長屋王や井上内親王などから以後の怨霊について主として語られるケースがほとんどである。

　そこで本書は、冥界的要因を一方の視点として位置づけ、天武系皇統における皇位継承の実態を究明する。また、それに関わる持統女帝と藤原不比等の策謀の真相について明らかにしようとするものである。

目次

※本書で引用した『日本書紀』『続日本紀』『懐風藻』の現代語訳は、講談社学術文庫版に依っている。

第一章　祟りと天罰の温床

一　壬申の乱と祟り

天武天皇は舒明天皇を父とし、母は皇極女帝（重祚《ちょうそ》して斉明女帝）と言われる。また、天智天皇の弟とされているが、『日本書紀』からは天武の年齢を明確にすることはできない。更に、『一代要記』（鎌倉時代）や『本朝皇胤紹運録』（室町時代）など後世の史料によれば、天智と天武の兄弟関係が逆転してしまうことから、古代史における謎の一つとされている。

即位以前の天武は大海人皇子《おおしあまのみこ》といい、天智の有力な後継者と目されていた。『日本書紀』は大海人を「東宮」「大皇弟」と表記しており、天智の輔弼者として、また、後継者として朝政に参与する存在であったと言える。

しかし、六七一（天智十）年一月五日、天智の長子である大友皇子が太政大臣に任じられ、天智の後継者となることが決定的となった。大友の母は伊賀采女宅子娘《いがのうねめやかこのいらつめ》という地方豪族の出身だったため、それまでは大友が天智の後継者となる可能性は低いと見なされていた。

大友が太政大臣に任命されるとともに、これを補佐する人事として、天智の重臣の中から、蘇我赤兄《そがのあかえ》が左大臣、中臣金《なかとみのかね》を右大臣、蘇我果安《そがのはたやす》・巨勢人《こせのひと》・紀大人《きのうし》の三人を御史大夫《ぎょしだいふ》に任命する発表がおこなわれた。

その後、同年十月十七日、大海人は病床にある天智と会見をおこなった。この時、大海人は天智から後事を託されたのだが、自らは病と称し、これを辞退した。同時に、皇后である倭姫王《やまとひめのおおきみ》を即位させ、大友がその輔弼者となることを提案した。更に、大海人自身は出家し、仏道修行に専念する申し出をおこない、天智はこれを許可したのであった。

こうして大海人は、所持していたすべての武器を政府に返還した上で、妻である鵜野讚良皇女《うののさららのひめみこ》（後の持統女帝）とわずかな舎人らとともに、同年十月十九日、吉野に向かって出立したのである。

吉野へ向かう大海人を、蘇我赤兄・中臣金・蘇我果安らが菟道《うじ》（京都府宇治市付近）まで見送った。この時、誰の言葉かは不明だが、『日本書紀』には「虎に翼をつけて野に放つようなものだ」と胸中の不安を吐露した言葉が記されている。大友を補佐する重臣としては、大海人をこのまま吉野に隠遁させてしまうことは、今後の近江朝にとり、大きな危惧を残すと考えたのであろう。

大友としても不安がないわけではなかった。大海人が吉野に隠遁した後、同年十一月二十三日、内裏の西殿において、蘇我赤兄、中臣金、蘇我果安、巨勢人、紀大人とともに、互いの結束を神に誓い合っている。

香炉を手にした大友がまず立ち上がり、「六人は心を同じくして、天皇の詔《みことのり》を受けたまわります。もし違背することがあれば、必ず天罰《あまつつみ》を受けるでしょう」と誓う。これに続き、蘇我赤兄らも手に香炉を持ち、順序にしたがって立ち上がり、緊張のために涙を流しつつ、「臣ら五人は殿下とともに、天皇の詔を承ります。もしそれに違うことがあれば、四天王がわれわれを打ち、天地の神々もまた罰を与えるでしょう。三十三天（仏の守護神たち）も、このことをはっきり御承知おきください。子孫もまさに絶え、家門も必ず滅びるでしょう」と誓ったのであった。

このような誓いの儀式をおこなわなければならなかったこと自体に、吉野に隠遁した大海人の存在が、大友を中心とする近江朝の人々にとり、いかに不安な存在であったかがうかがえる。

◇

後のことになるが、大友とともに神仏に結束を誓った蘇我果安は壬申の乱において戦死、中臣金は戦後に斬死、蘇我赤兄・巨勢人とその子孫、中臣金の子、および蘇我果安の子は流罪に処せられている。ただ、紀大人とその子孫については処分の記事が見られない。そのため、直木孝次郎『持統天皇』（吉川弘文館）は「大海人の味方をして罪をまぬがれたのであろう」と推測している。近江朝の御史大夫でありながら処分をまぬがれたのは、大海人に内応していたためであろうが、その後の天武朝において紀大人の記事はまったく見られない。

おそらく、大友らとともに「もしそれに違うことがあれば、四天王がわれわれを打ち、天地の神々もまた罰を与えるでしょう。三十三天も、このことをはっきり御承知おきください。子孫もまさに絶え、家門も必ず滅びるでしょう」と宣誓したにもかかわらず、大海人に内応した紀大人としては、神仏による天罰を恐れ、天武朝においては滅罪の日々を過ごし、子孫の繁栄と家門の発展を神仏に祈願していたのではないかと推測される。

天武朝においてまったく姿が見られない紀大人だが、『続日本紀』七〇五（慶雲二）年七月十九日の条文では、「正三位」が追贈されており、嫡子の紀麻呂も持統・文武朝において昇進し、最後は正三位、大納言にまで栄進している。また、紀氏はその後も順調に繁栄しているから、紀大人の滅罪と除災の祈願はみごとに成就されたと言ってよい。

◇

その後、六七一（天智十）年十二月三日、近江（滋賀県）の大津宮で天智は崩御する。そこで大友は、天智の御陵造営のため、美濃（岐阜県）と尾張（愛知県）の両国から役夫として農民を徴収し始めた。

しかし、徴収された農民は手に手に武器を携えているという情報が、舎人の一人、朴井雄君《えいのおきみ》によって吉野に隠遁していた大海人のもとに届けられた。また、近江大津宮から飛鳥古京に至るあちらこちらに監視人が配置され、更に、宇治橋の橋守に命じ、大海人の舎人が食料を運ぶことさえ禁じられているとの情報がもたらされた。

これらの情報を入手した大海人は、六七二（天武元）年六月二十二日、村国男依《むらくにのおより》、和珥部君手《わにべのきみて》、身毛《むげの》広《ひろ》を美濃国へ派遣するとともに、同月二十四日、自らも吉野を脱出、近江朝の大友を倒すべく東国へと出立する。ここに、古代における最大の内乱と言われる壬申の乱が始まるのである。

吉野を脱出するにあたり、大海人は大分恵尺《おおきだのえさか》・黄書大伴《きふみのおおとも》・逢志摩《あうのしま》らを飛鳥古京の守衛である高坂王《たかさかのおおきみ》のもとに遣わしている。駅馬《はいま》の使用を許可する駅鈴を求めさせるためであった。

この時、大海人は次のような指示を出している。もし、駅鈴が得られなかったならば、逢志摩はただちにもどって報告をする。大分恵尺はそのまま近江へと向かい、大海人の子の高市皇子と大津皇子を呼び寄せ、伊勢で落ち合う、というものであった。

大海人の使者に対し、高坂王が駅鈴の譲渡を拒否したため、逢志摩は指示された通りに大海人のもとにもどり、その旨の報告をおこなった。一方、大分恵尺は近江大津宮へと向かった。連絡を受けた高市皇子は大津宮から脱出し、鹿深《かふか》（滋賀県甲賀）を越え、積殖《つむえ》（三重県拓殖）の山口において大海人一行に合流する。大津皇子もまた大津宮からの脱出に成功し、朝明郡《あさけのこおり》（三重県三重郡）の迹太川《とおかわ》のほとりにおいて大海人と合流している。

その後、大海人は鵜野讃良皇女、草壁・大津・忍壁《おさかべ》の皇子らとともに桑名にとどまっていたが、高市は大海人の代行として不破へとおもむき、軍の総監として指揮をとることになった。

六七二（天武元）年六月二十七日、桑名の郡家《こおりのみやけ》にいた大海人は、高市からの要請に応じ、不破へとおもむく。ここで大海人は高市に向かい、「近江朝廷には左右の大臣や知略にすぐれた群臣がいて、ともに議《はか》ることができるが、自分には事を謀る人物がいない。ただ、年若い子どもがあるだけである。どうしたらよいだろう」と嘆いている。

これに応じて高市は腕まくりをし、剣を握りしめ、「近江に群臣あろうとも、どうしてわが天皇の霊威に逆らうことができるでしょうか。天皇は一人でいらっしゃっても、私高市が神々の霊に頼り、勅命を受けて諸将を率いて戦えば、敵は防ぐことができぬでしょう」と返答している。

このように、高市は壬申の乱において大海人の代行として軍事を監督し、また、心情的な支え役として、重要な功績をなしている。時に高市、十九歳であった。

◇

ここで、大海人皇子（後の天武天皇）の皇子たちを確認しておこう。（次頁、図1）鸕野讃良皇女は草壁皇子を、鸕野の姉、大田皇女は大津皇子を、大江皇女は長《おさ》皇子と弓削《ゆげ》皇子を、新田部皇女は舎人《とねり》皇子をそれぞれもうけている。これら四人の妻たちは、すべて天武の兄とされる天智の娘である。

次に、藤原鎌足の娘、五百重娘《いほえのいらつめ》は新田部皇子を、蘇我赤兄の娘、大蕤娘《おおぬのいらつめ》は穂積皇子を、胸形君徳善《むなかたのきみとくぜん》の娘、尼子娘《あまこのいらつめ》は高市皇子を、宍人大麻呂《ししひとのおおまろ》の娘、榖媛娘《かじひめのいらつめ》は忍壁《おさかべ》皇子と磯城《しき》皇子をそれぞれもうけている。

これら十人の皇子たちは、天武の後継候補として、ある者は生を、ある者は死を、また、庇護や排斥

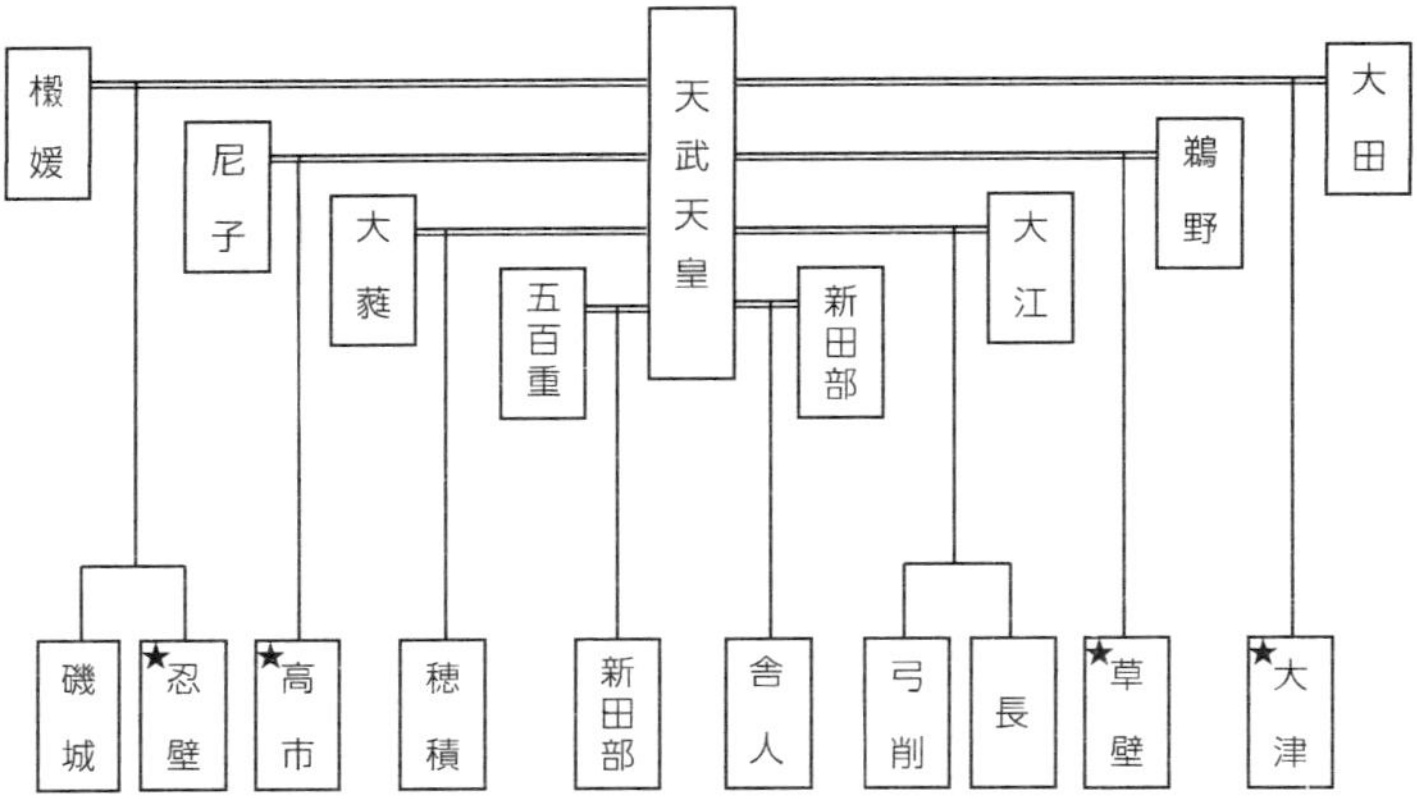

（図１）天武天皇の皇子　（星印は「吉野の盟約」の儀式に同座）

をそれぞれが加えられることになる。それは、偉大なる天皇の皇子として生まれた宿命であり、華やかであるとともに、悲壮な人生を歩むことになるのである。

◇

壬申の乱はその後、およそ一カ月にわたる戦闘の末、高市の言葉どおり、大海人軍が大津京に攻め寄せ、大友が自害して終結に向かう。天智の後継者に決定されながらも、自害しなければならなかった大友としては、無念であったに違いない。

この大友の死霊が、後に怨霊となって天武天皇に祟ることになる。天武の病因占いにおける「草薙剣の祟り」という結果が「大友皇子の祟り」と重複する点については、第三章「草薙剣の祟り」において詳述する。

しかしながら、争乱となれば流血によって勝敗が決するのは必然であり、仕掛け、仕掛けられた者として、勝利を望みつつも、敗戦による死は覚悟しなければならない。大友の場合も敗北による自害であるならば、怨霊となる可能性は少ないと言える。

また、『日本書紀』の記述を見る限り、他の場合とは違い、天武が大友の怨霊を恐れ、その祟りを鎮伏しようとした形跡は見られない。例えば、大津の祟りを恐れた持統女帝、長屋王の祟りを恐れた聖武天皇、更には井上皇后と他戸皇太子の祟りを恐れた光仁天皇は、祟りの鎮伏を願って改葬などの呪的行為をおこなっている。しかしながら、天武にはこのような事績が見られないから、大友の祟りを自ずから意識していたとは考えられない。

祟りが自ずから意識される背景としては、謀反や謀略などによって憤死せざるを得なかった者の怨念と、謀反や謀略などをおこなった者の滅罪の意識、そして、その謀反や謀略をおこなった者を批判的に見、憤死した者に同情的な感情を寄せる第三者となる立場の多くの人々の存在が必要となる。

天武の場合は壬申の乱の勝利者であるから大友に対する滅罪の意識はなく、また、卑母の出生である大友に同情的な第三者の集団も弱小だったと言える。そのため、天武が大友の祟りを自ずから意識することはなく、鎮伏のための呪的行為はおこなわなかったのである。

したがって、本書の主題の一つであり、天武の病因とされた「草薙剣の祟り＝大友皇子の祟り」は、自然発生的な祟りではなく、特定の人々により、特定の目的を達成するため、意図的に創出された祟りであったと言える。

ただ、大友の側に立ちながら、これを裏切り、死に追いやった人物にとっては、その死に対して滅罪の意識を自覚せずにはいられない。この場合は大友の祟りを自ずから意識し、その恐怖を忌避しようとする呪的行為をおこなうことになる。大友らとともに神仏に宣誓したにもかかわらず、大海人に内応した紀大人について、すでに簡略にふれたが、第四章「草薙剣の祟りと物部麻呂」では、大友の祟りと麻呂の改姓の関わりについて詳述する。

二　吉野の盟約と天罰

六七三（天武二）年二月二十七日、大海人皇子は飛鳥浄御原宮《あすかきよみはらのみや》で即位する。天武天皇である。また同じ日、鸕野讃良皇女が皇后に立てられたが、この時点で草壁皇子の立太子はおこなわれなかった。そのため、天武の後継については未決のまま、後日に持ち越されることになった。

六七九（天武八）年五月六日には、天武・鸕野とともに、草壁・大津・高市・河嶋・忍壁・芝基《しき》の六人の皇子たちが吉野へとおもむいている。六人の内、河嶋と芝基は天智天皇の皇子である。

ここで、「吉野の盟約」と言われる天武の後継についての誓約がおこなわれた。その誓約の内容について、『日本書紀』は次のように記している。

「自分は、今日、お前たちとともに朝廷で盟約し、千年の後まで、継承の争いを起こすことのないように図りたいと思うがどうか」と天武天皇が言われた。皇子たちはともに答えて、「ごもっともでございます」と言った。草壁皇子尊がまず進み出て誓い、「天地の神々および天皇よ、はっきりとお聞きください。われら兄弟長幼合わせて十余人は、それぞれ母を異にしておりますが、同母であろうとなかろうと、天皇のお言葉にしたがって、助け合って争いは致しますまい。もし今後この盟いに背いたならば、命は亡び子孫も絶えるでしょう。これを忘れずあやまちを犯しますまい」と申された。五人の皇子は後を次いで順次さきのように誓われた。そうした後、天皇は、「わが子どもたちよ。それぞれ母を異にしているが、みんな同じ母から生まれたも同様に慈しむことにしよう」と言われた。そして衣の襟を開いて、その六人の皇子を抱かれ、盟いの言葉を述べられ、「もし自分がこの盟いに背いたら、たちまちわが身を亡ぼすであろう」と言われた。鵜野皇后もまた天皇と同じように、盟いの言葉を述べられた。

天武には十人の皇子がいた。そのため、天武の後継を選定する場合、複雑な様相を呈することになる。本来ならば、鵜野の愛息である草壁が後継者となるべきところだが、二十八歳で早世していることからも推測できるように、草壁はきわめて病弱な体質であった。また、鵜野の姉である大田皇女を母とし、天武によく似た資質の大津、壬申の乱において軍事を監督するという大功を成し遂げ、最年長である高市など、後継となり得る候補が多数いた。

ただ、母が北九州の豪族、胸形君徳善《むなかたのきみとくぜん》の娘、尼子娘《あまこのいらつめ》という地方豪族出身の女性である高市のような場合は、年長ではあるが後継順位が下がる。また、天智の皇女を母とする皇子についても、出生順などを考慮すると、草壁が最有力候補であり、大津がそれに次ぐ順位となる。

天武が自らの後継について、どのような考えをもっていたかという点については、第二章「天武天皇の後継構想」において詳述するが、この天武の後継構想に関わって多くの策謀が展開され、本書の主題である「祟り」や「天罰」を鎮伏除災するための様々な呪的行為が生み出されることになる。

前記した「吉野の盟約」は、愛息である草壁皇子を天武の継承者に決定しようとする鸕野の意志が、強く反映しておこなわれた儀式であった。そのような意志が反映され、目的をもった儀式であったからには、「吉野の盟約」の内容や皇子たちの動勢は、鸕野の指示によって朝廷内に広く宣伝されたことだろう。特に、草壁が他の皇子たちを代表する形で最初に宣誓したことは、天武の後継を決定する上で、多くの人々に周知される必要があった。

詳しくは第五章「持統女帝と吉野の盟約」において述べるが、盟約の内容や皇子たちの動勢が朝廷内につまびらかに宣伝されたため、鸕野は後に大きな恐懼に襲われることになるのである。

「盟約」とは、神々に固く誓う神聖な約束である。そのため、盟約をおこなった者は、誓った内容を厳守しなければならず、神々の前に自らの行為を律する必要がある。万が一、宣誓した内容に違背する行為をなした時は、当然のごとく神々から恐ろしい天罰がくだされることを容認せざるを得ない。

更に、盟約をおこなった者の行為が、神々に認められ、宣誓した内容が達成される行為であるか否か、また、天罰をくだされる行為であるか否かは、盟約をおこなった者自身が最もよく自覚できる。そしてその自覚は、自らの行為に対する滅罪の意識に基づいておこなわれる。

「吉野」は天武王権発祥の地であり、「盟約」とは神々に誓う神聖な約束である。このような意味をもつ「吉野の盟約」の儀式とは、現代のわれわれが想像する以上に、同席した者にとっては、きわめて峻厳な意義をもち合わせていた。そのため、単なる儀式としてこれを軽視するならば、歴史の真髄を見過ごしてしまう結果となりかねない。

第二章　天武天皇の後継構想

一　大津皇子の抜擢

天武系皇統をめぐる祟りと天罰について考察するためには、天武が自らの後継についてどのような構想を描いていたか、はじめに確認しておく必要がある。

十人の皇子の中から、まず、大津皇子について考えてみたい。大津は天武を父とし、母は大田皇女である。大田の父は天智天皇であるから、父系においても母系においても、大津は皇位継承者として非の打ち所がない。

ところが、母の大田は大津が五歳の時に逝去しており、天武の皇后には大田の同母妹である鸕野讃良皇女（後の持統女帝）が立った。天武と鸕野との間には草壁皇子が誕生していたから、この時点において皇位継承の最有力候補は草壁となり、大津はそれに次ぐ順位となった。

大津の人物評としては『懐風藻』に、

大津皇子は天武天皇の第一皇子である。丈高くすぐれた容貌で、度量も秀でて広大である。幼年の時より学問を好み、知識が広く、詩や文をよく書かれた。成人すると武を好み、力にすぐれ、よく剣を操った。性格はのびのびとし、自由に振舞って規則などには縛られなかった。高貴な身分でありながら、よくへりくだり、人士を厚く待遇した。このために皇子につき従う者は多かった。

と記されている。また、『日本書紀』の六八六（朱鳥元）年十月三日には、

皇子大津は天武天皇の第三子で、威儀備わり、言語明朗で天智天皇に愛されておられた。成長されるにおよび有能で才学に富み、特に文筆を愛された。この頃の詩賦の興隆は、皇子大津に始まったと言える。

とある。

『懐風藻』および『日本書紀』の記述によると、大津は優れた才能をもち、体格容貌も良く、剛健にして奔放であり、周囲からの人望も厚い貴公子として記されている。

したがって、大田が長生し、天武の皇后に立っていたならば、大津が皇太子となり、天武の後継者となった可能性は十分にあった。また、病弱で凡庸な草壁が自らの後継者となるよりも、優れた資質をもつ大津が後継者になることを天武自身が強く期待していたようである。

『日本書紀』によれば、六八三（天武十二）年二月一日、大津が朝政に参与し始めたことが記されており、これは天皇とともに政治を分掌できることを意味している。しかし、その二年前の六八一（天武

十）年二月二十五日には、草壁がすでに皇太子となり、朝政に参与する立場にあった。したがって、草壁・大津という二人の皇子を同時に重要な地位につけ、朝政に参与させる結果になった。

この人事は天武の後継を考えた場合、たいへん不可解なできごとである。黒岩重吾『古代史の謎を探る』（大和書房）は、

天武一二年（六八三）に大津は遂に草壁皇太子と並ぶ地位についた。『日本書紀』は、二月一日、大津皇子が、始めて朝政を聴しめす、と記している。

これには様々な説があるが、大津が天武の意志により政治の主要舞台に颯爽と登場したことだけは間違いない。

と書き、吉野裕子『持統天皇』（人文書院）は、

天武は大津を引き立てずにはおられなかった。草壁立太子から二年後、「天武紀」一二年二月一日条に「大津皇子、始めて朝政を聴す」とみえるのはその証拠である。この朝政を聴くということが、どのようなことを意味するかは先学によっても明らかにされてはいない。「太政大臣」という説もあるというが、それでは徒らに草壁との間に摩擦を招くことにならないだろうか。

と書いている。

このように、大津の朝政参与は、「様々な説」が指摘されており、未だに「明らかにされてはいない」疑問が残されているできごとなのである。

天武は天智を補弼する形で、長期間にわたって政治の中枢に位置し、古代最大の内乱である壬申の乱を勝ち抜いた英雄である。即位後は強力な中央集権体制の構築を目指し、政治・軍事および宗教・文化の多方面にわたり、大改革を実施した強大な権限をもった専制君主と言える。その天武が浅慮によって大津を朝政に参与させたとは考えにくい。

また、草壁が皇太子として存在する以上、大津を朝政に参与させるのは「摩擦を招くこと」になり、朝廷内に混乱をひき起こすのは必至である。ことに草壁の背後には、母である鵜野皇后という強力な援護者がいる。大津を朝政に参与させることが、どのような混乱をひき起こすか天武が予測しなかったとは考えられない。

大きな混乱や強い抵抗が予測されるにもかかわらず、大津は朝政に参与することになった。参与を決定したのは天武であり、それは深謀遠慮の結果であったはずである。すでに、皇太子として草壁が存在したにもかかわらず、混乱や抵抗が予想される中、天武はどのような後継構想を描き、大津を朝政に参与させたのであろうか。

二　天武天皇の妥協

大海人皇子が即位し、皇后には鸕野讃良皇女が立てられた。しかし、草壁皇子の立太子の儀は長らく実施されることはなかった。

この原因については、草壁の健康・資質の問題が考えられる。大津と草壁の資質について、大津には前記したように、すこぶる優れた伝記が確認できるにもかかわらず、草壁にはそれがまったく残されていない。

そのため、直木孝次郎『持統天皇』（吉川弘文館）は、草壁は「比較的凡庸温順な人がら」であり、「二八歳で病死しているところからみても、大津とは反対の、病弱なおとなしい」資質であったのであろうと指摘している。

しかしながら、いくら病弱であり凡庸であっても、母である鸕野にとっては自分の腹を痛めた唯一人の愛息である。病弱であり凡庸であればあるほどに、無事に草壁が皇太子に立つこと、天武を後継する天皇として即位することを強く願っていたはずである。

だが、当然おこなわれるべき立太子の儀は、なかなか実施されなかった。父である天武は、病弱で凡庸な草壁を自らの後継者として、許容できなかったからであろう。わが愛息の立太子を強く願う鸕野、それを認めようとしない天武、両者の対立的な関係は、草壁の立太子が実現する六八一（天武十）年の直前まで継続した。

この間、第一章（二）でふれたように、六七九（天武八年）年五月六日には、天武および鵜野、草壁・大津・高市・河嶋・忍壁・芝基の各皇子によって、相互に扶け合い、けっして争うことがないようにと「吉野の盟約」の儀式がおこなわれている。

盟約の場において、草壁が最初に誓いの言葉を発していることから、「吉野の盟約」は草壁の立太子を切望する鵜野が主導した儀式であったと推察される。しかし、草壁をトップとする後継順位が明らかになったにもかかわらず、翌年には立太子の儀は実施されなかった。草壁が皇太子となったのは、六八一（天武十年）年二月二十五日であるから、「吉野の盟約」の儀式から一年八カ月の間、天武は草壁の立太子に踏み切ってはいない。したがって、「吉野の盟約」の儀式は後継順位を形式にそった形で提示してはいるものの、後継問題の根本的な決定に至るものではなかったと言える。

「吉野の盟約」では、「わが息子らは、みなそれぞれ違う母親から生まれてきている。しかし今からは一人の母から生まれた兄弟のように分け隔てなく慈しもう。もし、この誓いを破ったなら、たちまちにわが身は滅びるであろう」と天武が宣誓し、続いて鵜野も同じ誓いをたてている。

天武としては、草壁のみを慈しみ、その立太子に固執する鵜野に対し、天皇と皇后という高所の立場から、国家のために私心を去り公正な後継者選定の判断と、選定された候補者への協調的な関係、この二点の扶植を願いつつ、盟約の機会を設けることに賛同したのであろう。

鵜野が強く願望し続けた草壁立太子が、ようやく実現したのは、六八一（天武十）年二月二十五日である。草壁立太子の要因として、大津の性格と律令の整備事業の二点に着目した指摘がある。

多田一臣氏は講演記録（「薬師寺建立の謎と悲劇の皇子」）の中で、草壁立太子の時点では、「作り上げた体制をいかに維持していくかが問題」であり、「英雄型の大津皇子だとむしろ危なっかしい」と天武は考えたとし、

王権を作ったら、今度はその王権を安泰なものとして維持していくことが重要である。その時には、大津皇子のように勝手気ままに振る舞って、規則なんてお構いなしというのは、良くないわけです。それよりむしろ平凡な草壁皇子だったら、周りに補佐する人間がいればいい。

さらに非常に重要なことですが、草壁皇子の立太子と同時に、律令を制定せよ、法令を整備しろという命令が下されている。つまり、法によってきちんとした秩序を守っていこうという方針です。そういう方針が草壁の立太子と同時に出されている。そこに法を平気で無視する人間が上にきたらまずいわけでしょう。ですから草壁を選んだと私は考えています。天武天皇は、律令によって守られるような存在、そして律令をきちんと守るような存在こそが、平時においては天皇に相応しいという判断をして、草壁を皇太子にしたと思います。

と話している。

六八一（天武十）年二月二十五日の詔には、

私は、今ここに律令を定め、法式を改めたいと思う。それ故、この事に取りかかるように。しかし、急にこれのみを仕事とすれば、公事を欠くことがあろうから、分担しておこなうようにせよ。

とあり、いわゆる「浄御原令」の編纂開始の詔が宣言され、その後に、

この日、草壁皇子を立てて、皇太子とし、いっさいの政務に預からせられた。

という記事が続いている。

確かに、『日本書紀』の記し方からは、律令編纂と草壁立太子は相互に関わりをもっているように見える。そのため、法治国家の天皇には、凡庸な草壁こそがふさわしく、奔放で法度に捉われない大津は不適切だ、と天武が判断したと多田氏は指摘する。

しかし、先の詔は「浄御原令」編纂の開始を宣言するものであり、その完成を示すものではない。よって、草壁の即位が可能になるのは、まだ先のことである。また、平時の天皇は凡庸であっても、周囲が

補佐すればよいとする前提は首肯できない。

更に、「勝手気ままに振る舞って」、「法を平気で無視する」大津皇子を、天皇には不相応だと天武が判断したとするならば、二年後、草壁皇太子と並立させて大津を朝政に参与させた天武の意図が説明できない。

加えて、草壁立太子の年、六八一（天武十）年は「作り上げた体制をいかに維持していくかが問題」となる段階とは言いがたい。後述するように、天武は六八一（天武十）年以降も盛んに国家体制の構築を推進しており、安定維持の段階とは言えない。

では、なぜ天武は、草壁立太子を実現したのだろう。鸕野にとっては早くから強く願望していた決定であり、その実現は満足の至りであったと思われる。皇后になって以来、十年間も待たされていた悲願がようやくにして達成されたのである。

しかし、天武は即位以来、それをけっして許さなかった。自分の後継者として、草壁はあまりにも意に沿わなかったからである。したがって、草壁立太子の実現について天武は止むを得ずの感があったであろう。

天武が自らの意に沿わないながらも、草壁立太子に踏み切った理由は、むしろ、自らの健康問題が大きく関わっていたと考えられる。

六八〇（天武九）年十一月十二日には、

皇后が病気になられた。皇后のために誓願をたて、薬師寺を建立することとなり、百人の僧を得度させたところ、病気は平癒された。

とあり、続いて同年同月二十六日には、

天皇が病気になられた。よって百人の僧を得度させた。するとしばらくして天皇の病が癒えた。

とある。

まず、鸕野が健康を害し、その病気快復を願い、天武は薬師寺の建立を開始した。しばらくして鸕野の病気は快復したが、続いて今度は天武自らも罹病する。この時、天武の脳裏には自らの後継について、複雑な葛藤があったのではなかろうか。

大和岩雄「大津皇子謀反事件の背景——国際関係の視点から——」(『天武天皇論(二)』所収・大和書房)は、

一〇年二月ようやく草壁立太子がきまったのは、九年の末の皇后の大病に原因があろう。病気の皇后から強く草壁の立太子をせまられたのであろう。

とし、鵜野皇后の病床からの懇願の結果であったと推測している。

北山茂夫『天武朝』（中公新書）は、

そのあと、天武自身も病にかかり、平癒を願って、一〇〇人を出家させている。これもごく軽くてすんだようであるが、わたくしは、天武のからだの不調がこの時点から始まる、と判断している。それはともかく、共治体制の二人にとっては、相ついでの罹病は、ごく近い将来に向かって、ある重大な決断となって現われてくる。

と書く。

確かに天武の選択に及ぼした鵜野の影響は大きかったと思われるが、天武も直後に罹病したのだから、天武自身が喫緊の課題として後継問題を意識したのではないだろうか。相次いで病におちいった二人の間に、後継者決定について相乗的な心理作用が生じ、天武は焦慮の結果として妥協的解決を選択したのであろう。

このように、草壁立太子については、律令の整備もその決断の要因ではあるが、病におちいった自らの健康問題にこそ、不満を含む妥協的選択の主たる要因があったと推測される。そして、この天武の決断が焦慮の結果としての不満を含む妥協的選択であったからこそ、その後、自身の病気快復とともに、再び重大な混迷を生むことになる。

三　天武天皇の配慮

草壁立太子を実施した二年後、六八三（天武十二）年二月一日、天武は突如として大津皇子を朝政に参与させた。

直木孝次郎『持統天皇』（吉川弘文館）は、

十年には天武も五一歳で、当時としては老境に近づいている。この頃から天武は、徐々に政治の第一線から引退しつつあったのではなかろうか。

この想像をうら書きするように、『書紀』の一二年二月条には、「大津皇子、始めて朝政を聴く」という記事があらわれてくる。草壁が皇太子として天皇の政治を助ける地位にあるのに、何故、大津をここに起用したのであろうか。天武の後継者について、再び政界に疑惑の種をまく処置であることは、目に見えている。

とする。

直木孝次郎氏は「十年には天武も五一歳で、当時としては老境に近づいている。この頃から天武は、徐々に政治の第一線から引退しつつあったのではなかろうか」とするが、この推測は首肯できない。なぜならば、晩年において、特に六八一（天武十）年以後、天武はきわめて精力的な統治者としての意欲を見せているからである。特に、中国の皇帝を意識した国家体制の構築に取り組む天武について、本章（四）において後述する。

ただ、直木孝次郎氏が指摘するように、鵜野および草壁にとり、大津の朝政参与は許容することのできない、驚くべきできごとであったであろう。後継者としての草壁の地位を脅かす重大事であり、鵜野および草壁の不満、抵抗は十分予測されるできごとであった。

したがって、天武は鵜野および草壁の強い反抗を予測した上で、あらかじめその動きを牽制し、対策を講ずる必要があった。そのことは自らの体験からも、十分に承知していたはずである。

天武自身、天智天皇の後継者と目されていた時期があった。六六四（天智三）年二月九日には、天智が大海人皇子（後の天武天皇）に詔して、冠位の階名を増加し変更すること、氏上《うじのかみ》・民部《かきべ》・家部《やかべ》などを設けることを告げさせている。

大海人自身も、この時点から自らが天智の後継者であると自覚していただろう。しかし、後に大友皇子が大政大臣に任じられ、立場は一転、大海人は出家するとともに、吉野に隠遁することになった。この時すでに、大海人の心中には近江政権に対する挙兵の決意が固まっていたのであろう。

このような自らの体験から見ても、いったん後継者と決定されながら、その決定が覆されるような事態が生じ、対抗者が出現した場合、前者がどのような行動を起こそうとするか、天武に予測できないはずはない。したがって、大津を朝政に参与させようとする天武は、必ず起こるべき抵抗に対し、それを抑制すべき対策を講ずる必要があった。

草壁の立太子は六八一（天武十）年二月二十五日、大津の朝政参与は六八三（天武十二）年二月一日であるから、大津の抜擢を前に、天武が不満をもつ人々に対して抑制策を講じたとすれば、六八一（天武十）年二月から六八三（天武十二）年二月までの二年間である。

◇

六八二（天武十一）年五月十二日には、倭漢直《やまとのあやのあたい》に対する賜姓《しせい》記事が見られ、他氏に先立って東漢氏《やまとのあやし》が連《むらじ》の姓《かばね》を賜わっている。

壬申の乱では多くの東漢氏が大海人側に立ち、重要な功績をたてている。だが、乱後の天武の東漢氏に対する処遇は、きわめて冷淡であった。その上、六七七（天武六）年六月には、

お前たちの仲間は、今までに七つの良からぬことをおこなった。このため小墾田の御代（推古天皇の時代）から、近江の朝（天智天皇の時代）に至るまで、常にお前たちを警戒されてきた。今、私

の世において、お前たちが良からぬことをおこなえば、罪の通りに処罰する。しかし漢直の氏族を絶やそうとするのではない。大恩をもって許す。今後、もし犯す者があれば必ず処罰をおこなう。

という、東漢氏のみに対する異例の厳しい警告の詔がくだされている。

六八〇（天武九）年九月九日、天武は朝妻（御所市朝妻）に行幸し、大山位《だいせんい》以下の者の馬を長柄杜《ながらのもり》で観閲し、そこで騎射をおこなった。この行幸について大和岩雄『古事記と天武天皇の謎』（六興出版）は、

私は天武天皇の朝妻への行幸は、新羅系の騎馬隊への好意からであろうと推測する。大和には百済系の騎馬集団の東（倭）漢氏がいる。彼らの本拠地飛鳥の桧隈地方でなく葛城の朝妻を選んだのは、桧隈が天武にとっては好ましくなかったからであろう。

と推測している。

六七七（天武六）年六月の警告の詔に加え、六八〇（天武九）年九月九日の朝妻行幸の記事からは、謀略を得意とする百済系の東漢氏を、天武が明らかに警戒していたことがわかる。

このような天武の行動に比べ、六八二（天武十一）年五月十二日の賜姓は、明らかに東漢氏に対する厚遇である。この賜姓により、東漢氏の人々が男も女もみな朝廷に参上して天武を拝したことを、わざ

わざ『日本書紀』は記している。

一氏族全体に対する賜姓はこれが初見であり、他氏に先んじて東漢氏のみに対して賜姓が実施されている点は注目される。他の氏族への賜姓は六八三（天武一二）年九月以降である。

謀略をもって事とする東漢氏に、天武は警告と優遇という硬軟両面の対応をおこなっている。六七七（天武六）年六月の警告は畿内における政権確立期の不安定な時点で、東漢氏が謀略に利用されることを恐れ、その動きを牽制するための強硬策であったと言える。

それでは、六八二（天武十一）年五月の優遇策は、どのような目的があったのであろう。六七七（天武六）年六月の警告は、政権の不安定な時点だからこそ異例の詔が宣せられた。詔にあるように謀略の実践部隊として、東漢氏は過去に幾度も行動している事例がある。同様に他氏に先立つ形で東漢氏のみに異例の賜姓をおこなった背景にも、厚遇策が必要とされる不安定な政治情勢を考慮する必要がある。

大津を朝政に参与させることには、当然、反対派の人々の抵抗が予測される。そのため天武は謀略にたけた危険な存在である東漢氏を警戒し、自らの側に懐柔することを欲し、他の氏族に先立って東漢氏に異例の賜姓という厚遇策を講じたのではなかろうか。

東漢氏を敵にまわすのは脅威であるが、味方にするのは心強いかぎりである。したがって、六八二（天武十一）年五月十二日の東漢氏に対する異例の賜姓は、大津の朝政参与に対する天武の配慮の一端をうかがうことができる一事例であると思われる。

◇

六八二（天武十一）年十一月十六日には、

親王・諸王・諸臣より庶民に至まで皆承るがよい。およそ法を犯した者を取り調べる時には、内裏でも政庁でも、その現場において、見聞きした通りに、隠すところなく調べよ。もし重罪を犯した者があれば、勅裁を受けるべき者（身分の高い者）は上奏し、捕らえるべき者であれば逮捕せよ。もし抵抗する者があれば、そこの兵を動かして捕らえよ。杖罪に相当する場合は、百以下、等級にしたがって打て。また犯行が明白なのに、罪を否認し抗弁して、訴え出たような場合は、それに対する罪を、本来の罪に加えるようにせよ。

という詔が宣せられている。

他の詔において、対象者を示す語句としては「諸王諸臣」、「群臣百寮」、「群卿百寮」、「公卿大夫」、「臣連伴造」、「天下人民」などとする場合が多い。ところがこの詔では、対象となる範囲に「親王」までが加えられている。

詔に「親王」が加えられているのは、六八一（天武十）年二月二十五日「律令制定の詔」、同年四月三日「禁式九十二條の詔」、六八三（天武十二）年正月十八日「天瑞の詔」といったきわめて重要な詔である。他には服飾に関する詔などに「親王」が含まれる事例があるが、すべての人々を対象とする内容である以上、これは当然でもあろう。

事変に対する糾弾の対象として「親王」を含む点で、この詔は異例である。更に、事変が生じた場所が天皇の住まいである内裏、および、朝政を執りおこなう政庁であっても、いったん急変あれば、ただちにその場で糾弾せよ、というきわめて厳しい処置が示されている。

この糾弾の詔について北山茂夫『天武朝』（中公新書）は、六七九（天武八）年の訓戒的な詔と関わりながら、

ここでは「巷里」ではなく、禁中（内廷）または朝廷（政庁）における諸犯罪について指摘している。それらへの処置は、さきには、訓戒であったのに対してこのたびは、じつに厳酷な方針を示している。すなわち、「其の重きこと犯しし者有らば、請すべきは請せ（犯状について奏上し、勅裁を乞う）。捕ふべきは捉よ。もし対捍みて捕はれずは、当処の兵を起して捕へよ。……」と天皇は命じている。「当処の兵を起して」とは、左右大舎人、左右兵衛などの常備軍を動かすことで、天皇は、そこまで禁中、官場の事態のなりゆきを深く憂えていたのである。いささかその神経には、過敏にすぎるとこ

ろがありはしないか。

それは、さきにもくりかえし述べた猜疑心に発するものというほかはない。前後に、かくまでの臣僚の犯状ないし不穏が感じられない後期の、宮廷内外の状況だからである。

と書いている。

「前後に、かくまでの臣僚の犯状ないし不穏が感じられない後期の、宮廷内外の状況」にもかかわらず、糾弾の詔が宣せられた理由を、天武の「猜疑心に発するもの」であるとし、「いささかその神経には、過敏にすぎるところがありはしないか」と見る。

確かに、六八二（天武十一）年十一月以前には六七八（天武七）年以降、事変の表出は見られず、治安的には一応安定した状態であった。しかしながら、六八二（天武十一）年十一月以後において、「不穏が感じられない」状況であるとの指摘は首肯できない。

なぜならば、三カ月後の六八三（天武十二）年二月には、突如として大津が朝政に参与するという大きなできごとが予定されていたのであり、この大津の朝政参与については、朝廷内に不穏な対立を生じせしめる要素が十分に予測できるからである。

糾弾の詔の背景には異常な事態が発生し得る可能性、緊張感がうかがえる。そして、新たな政策の始まりを前に、予想される不穏な動きを牽制するという政治的配慮が、この詔には存在する。

具体的には大津の朝政参与に対する反対派への牽制であり、天武の配慮である。したがって、単なる「猜疑心に発するもの」ではなく、「いささかその神経には、過敏にすぎるところがありはしないか」と言えるものではない。

天武の治世における反抗者に対する処罰の事例が見られるのは六七七（天武六）年までであり、六七八（天武七）年以降はまったく見られない。言い換えるならば、天武新政権は六七七（天武六）年までは不安要素が存在し、表出していたが、六七八（天武七）年以降は不安要素が存在したとしても、それが表出せずに比較的安定した状態であったと言える。

このような社会的背景を通して見るならば、六七七（天武六）年六月に宣せられた東漢氏のみに対する異例の警告の詔は、治安の不安定な要素があった時期だからこそ宣せられたのであり、また、六七九（天武八）年十月二日に宣せられた王卿に対する訓戒的な詔は、「吉野の盟約」に見られる天武の後継問題に関わって、人心の動揺を引締めるためのものであったと言える。

直木孝次郎『持統天皇』（吉川弘文館）は、

天武と大津、鸕野と草壁、この二つの組み合わせが、対立とまではいかないが、朝廷の二つの中心となり、その周辺に微妙な潮流を作りはじめていたのではないかと、想像するのである。

とする。

大津の朝政参与は、当然、鵜野および草壁側から見れば不審な決定であり、許容することのできない抜擢であったであろう。そのため、朝廷内に不穏な動きが生ずる可能性は十分予測されるところであった。天武は大津の朝政参与に関わって、当然生ずるであろう反抗的な動きを予測し、自らの体験を振り返りながら、このような抵抗を前もって封ずるための対策を講じていたと推察される。

四　天武天皇の統治観

六八三（天武十二）年一月十八日には、

明神御《あきつみかみと》大八洲《おおやしましらす》倭根子《やまとねこ》天皇《のすめらみこと》の勅命《おおみことのり》を、諸国の国司《くにのみこともち》・国造《くにのみやつこ》・郡司《こおりのみやつこ》および百姓《おおみたから》たちよ、皆ともに聞きなさい。自分が皇位を継いでから、天瑞が一つ二つでなく数多く現れている。伝えられるところでは、こうした天瑞は、政道が天道《あめのみち》にかなっている時、示されると言う。自分の治世においては、毎年相次いで現れているため、私はあるいは恐れを感じ、あるいは喜んでもいる。親王《みこたち》・諸王《おおきみたち》・群卿《まえつきみたち》・百寮《つかさつかさ》および全国の黎民《おおみたから》も、ともに喜んでもらいたい。そこで、小建《しょうこん》以上の者に、それぞれ禄物を賜う。また、死罪以下の者はみな赦免する。更に、百姓の課役《えつき》はすべて免除する。

という詔がくだされている。

この詔について、川崎庸之『天武天皇』（岩波書店）は、

祥瑞のことは、この詔にいうように、『日本書紀』には連年その記事が見えているが、しかし、そ

れに対してこのような詔が発せられたのは、この時がはじめてであって、ここにいたって天皇の政治は、すべての人の前にその確信を表明する機会がおとずれたのだということができるであろう。（中略）その意味ではまさに大化以来の改新のわざに有終の美をなそうとする天皇の政治の一つのあらわれであったとみていいかもしれない。

と書く。

詔に見られる「天瑞」とは「祥瑞」のことである。陰陽五行思想によれば、唯一絶対の混沌から派生した天地は、本来、同根であり、天地は相互に交感し合うという。地の象は常に天に反映し、天子がおこなう政治が天道にかなう時、天からは祥瑞がくだされ、めでたいしるしとされた。

したがって、天瑞の詔において、天武天皇は自らの政治が天道にかない、祥瑞がたび重なって出現したことを、古代中国の天子と祥瑞の故事に見られるごとく、高らかに自己の治世を謳歌しているのである。

『日本書紀』の「天武紀」における詔の中で、この天瑞の詔は確かに圧巻である。天武による自画自賛であり、天武治世における絶頂期を宣言した詔であったと言える。

この詔が特別の意味をもっていることは、その内容だけでなく、宣せられた日が「丙午」であることからもわかる。天武は自らを「火徳の君子」である漢の高祖に擬していた。そのため、「天武紀」の記述においても、くりかえし「火気」を重視している。

吉野裕子「陰陽五行と古代日本」（『陰陽五行思想からみた日本の祭』所収・弘文堂）は、天武の「火徳」について、「晩年の改元とその大葬」に関わって、次のように書いている。

崩御の日として公表された「九月九日丙午」は火気そのものの日である。また九月戊月は寅・午・戌、つまり火の三合において墓気に当る。墓気は死気であるから、葬いにふさわしい。

「丙」は「火の兄」で十干における火。「午」は十二支において南・火気。「九月九日」の「九」は陽を表わす数で、陽気の重なった日、つまり「重陽」。「朱鳥」もまた四神の中、南の神霊で、火気の象徴である。

また、大和岩雄「火徳の漢帝国と天武天皇」（『天武天皇論（二）』所収・大和書房）も、

天武・持統の合葬陵は、藤原宮の太極（太一）殿の南（火）にあり、天武の縁者の陵（例えば文武天皇陵）も、藤原宮の南に位置している。また、「朱鳥元年」の改元は、『日本書紀』の記す、天武天皇の崩御日の四九日前だが、この日は、七月二〇日であり、「戊午」である。やはり、「火」の「午」の日に、改元している。その上、元号が「朱」、つまり赤で、「火」を示している。五神では、

「朱雀」が「火」にあたるので、朱雀の意味で、朱鳥とつけたとも考えられる。

これらの「火」重視は、持統が行なったものだが、壬申の乱で、すでに赤色を使用しているように、天武自身が、自分の王朝を火徳とみて、重要な行動や儀式には、「火」の午の日を選んでいる。出家して吉野に入った日も、壬午であり、壬申の乱の挙兵の日も、壬午である。


と書く。

天武が天瑞の詔を宣言した「丙午」は、「丙」が十干における火気、「午」が十二支における火気である。自らを「火徳の君子」に擬した天武が、統治者として円熟しつつあった統治観を宣言するために、火気が最も旺盛な日である「丙午」を意図的に選定し、宣言しているのである。

川崎庸之『天武天皇』(岩波書店)はこの詔について、「大化以来の改新のわざに有終の美をなそうとする天皇の政治の一つのあらわれ」を宣言した詔であるとしているが、天瑞の詔はそれまでの天武の治世が天道にかない、祥瑞を天帝が天武に下賜されたものとして宣言された詔である。したがって、この詔において天武の統治観は大きく変容していると言える。

具体的に言うならば、それまでの畿内を中心とした「倭国の大王」としての統治観から、「天瑞」や「天道」の語に見られるように、「中国の皇帝」を強く意識した統治観、「日本国の天皇」へと発展的に変容したことを宣言した詔であったと言える。

（図２）三足雀の意義

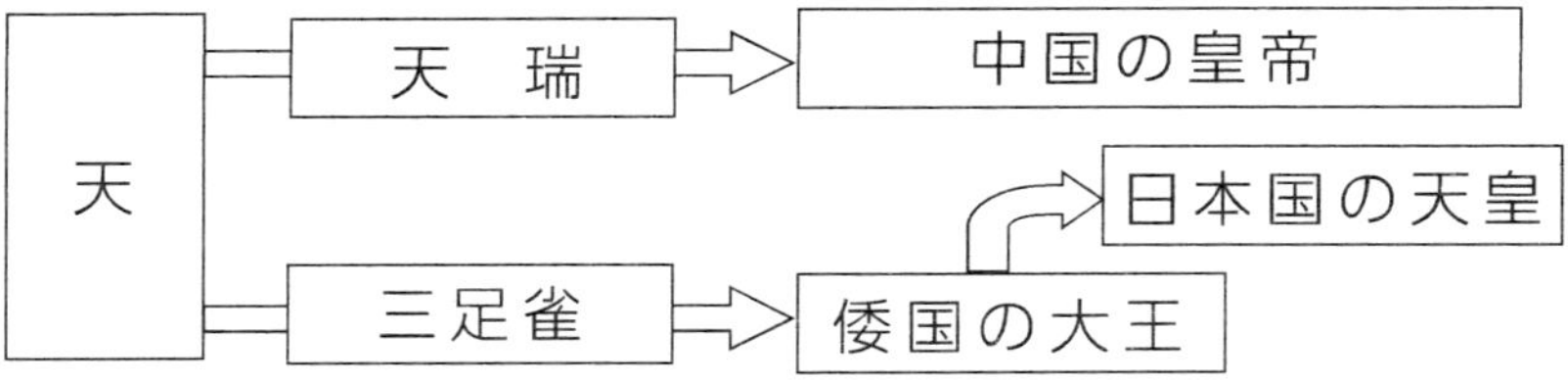

前年八月に報告された三足雀を、翌六八三（天武十二）年正月十八日の時点で持ち出しているが、それはあたかも中国の皇帝としての統治者に自らを擬すためのセレモニーであった。したがって、天瑞の詔は、天武の新たな統治者としてのスタートを高らかに宣言した詔であったのである。（図２）

川崎庸之氏（前掲書）は前記に続き、「都づくりのしごとも、ここにいたって従前とはちがう大きな規模でもってすすめられるようになった」とし、六八三（天武十二）年十二月十七日（庚午）にくだされた複都制の詔と関連づけて考察している。

詳しくは拙著『天武・持統天皇と信濃の古代史』（国書刊行会）において指摘したが、天武は唐の複都制を手本とし、自らの宮都建設をおこなっている。古代中国における複都制の意義、首都長安と陪都洛陽が果たした政治的・宗教的な意義を十分に理解した上で、そして、必要性を認めた上で、宮都建設のプランニングをおこなった。

天瑞と複都制の詔からは、畿内を中心とした「倭国の大王」という統治者から、中国の皇帝を強く意識した統治者へと発展的に変容した天武の統治観がうかがえる。具体的には、東国をも含めた「日本国の天皇」への変容であり、首

（図３）長安・洛陽・藤原京・信濃陪都の相関図

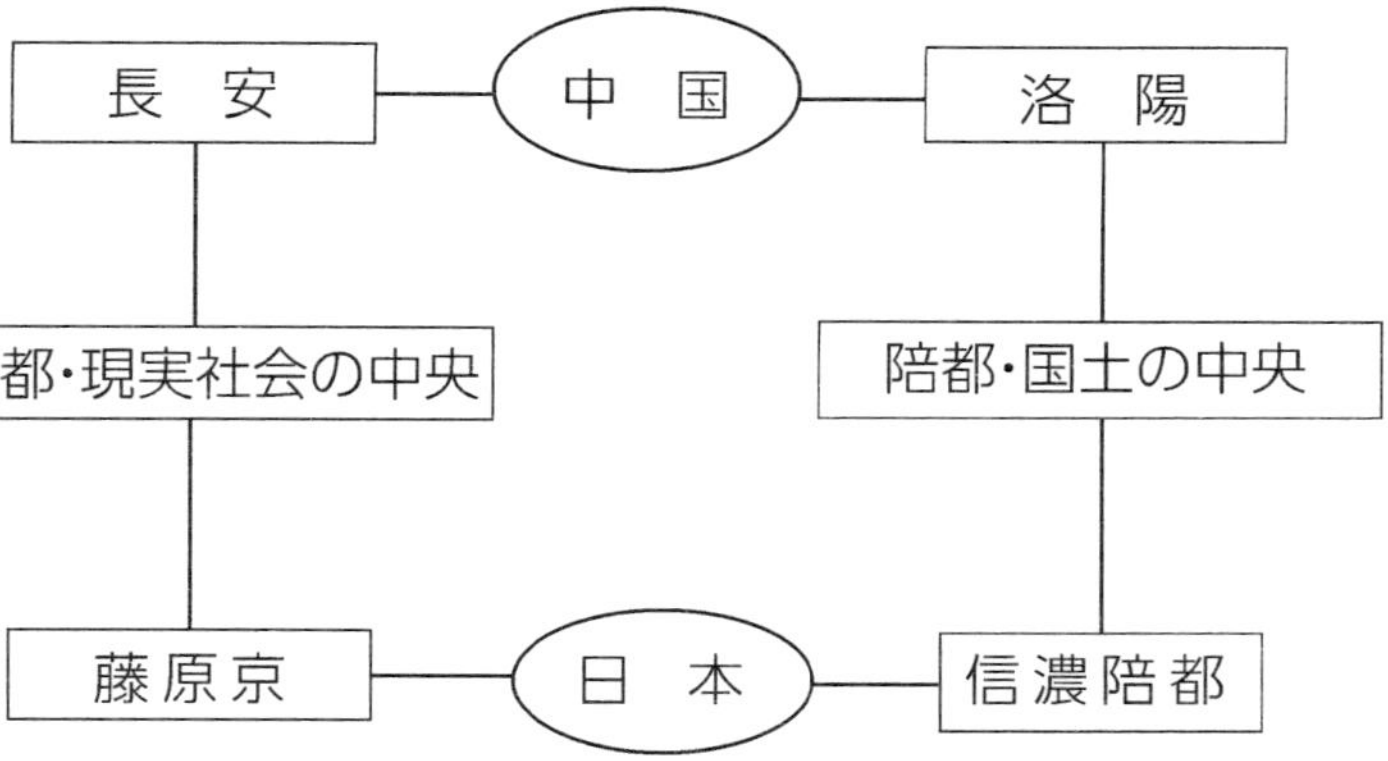

都とともに信濃に陪都（副都）を建設する必要性が生じたのも、唐の皇帝が長安と洛陽という複都制を実施している点を視野に入れてのことであったと考えられる。（図３）

天武の統治観の変容は、「日本」国号や「天皇」号の対外的な始用からも推測できる。「倭国使」から「日本国使」に変わった最初の遣唐使は、七〇一（大宝元）年一月に任命され、翌年に出発している粟田《あわたの》真人《まひと》である。したがって、七〇一年以前には「日本」国号が成立していたことは明らかであろう。

対外的に「日本」国号を始用した時期について、大和岩雄「『旧唐書』の「旧小国」の「日本」と壬申の乱」（『天武天皇論（二）』所収・大和書房）は、

> このような「日本国人」「使者」が、六七〇年から七〇三年の間に、唐朝に「倭」から「日本」への改号を知らせたという中国文献の記載にあてはまるのは、『日本書紀』の天武一三年（六八四）か持統四年（六九〇）

の留学生・留学僧・捕虜の帰国記事である。

つまり、旧新『唐書』の咸亨元年（六七〇）以後、長安三年（七〇三）の間に、「日本」国の存在を知らせた「日本国人」とは、天武一三年（六八四）から持統四年（六九〇）の間に入唐した使者と考えられる。したがって、中国に対しての「日本」国号始用は、天武一三年前後から持統四年の間と、推測できる。

としている。

天武は畿内を中心とした政権の確立が達成された時点（天武十年）で、新たな国家統治観をもつに至ったのであろう。この新たな国家統治観により、新たな国家体制としての「日本国」の樹立に取り組もうとしていたのである。それは、東国経営を中心とした統治範囲の拡大であり、大唐帝国の国家体制を手本とする統治観であった。

次に、「天皇」号の始用について、本位田菊士「古代日本の君主号と中国の君主号――「大王」号・「天皇」号をめぐって――」（『史学雑誌』第九〇巻十二号所収）は、推古朝に過去の君主の尊称として用いられていた「天皇」号が、天武によって道教思想の影響を受けながら日本独自の天皇観を形成し、現存君主の尊称として使われるようになったと指摘している。

また、大和岩雄「道教と天皇号――天武天皇と道教（中）――」（『東アジアの古代文化』第四一号所収・大和書房）は、六七四年、唐の高宗が「皇帝」号を「天皇」号に改めた影響を推測し、呼称の変化として認めながらも、更に、道教の神人観に基づいた非日常的呼称の意義づけをした上で、公式化していない「天皇」表記を公式始用したのが、天武か持統女帝であったと指摘している。

これらの指摘を考慮するならば、天武が「倭国の大王」としての統治者から、「日本国の天皇」へと変容しようとした意志を宣言する意図が、六八三（天武十二）年一月十八日の天瑞の詔にこめられていた可能性は高い。

更に、天武は六八三(天武十二)年四月十五日、「今後は必ず銅銭を用いなさい。銀銭を用いてはならぬ」と詔している。この勅に見られる「銅銭」とは、富本銭を指している。

富本銭に見られる七つの突起は陰陽五行思想における「七曜」であり、同年正月の詔の「天瑞」は陰陽五行思想の「瑞祥」であるから、富本銭を鋳造させた意図と天瑞の詔の意図は陰陽五行思想を通して関連している。

富本銭にこめられた天武の意図は「七曜」の文様の他に、「円形方孔」という形態にもこめられている。秦の始皇帝が鋳造させた半両銭、漢の武帝の五銖銭や唐の高祖の開元通宝など、わが国の銭貨に大きな影響を与えた古代中国の代表的な銭貨は、すべて「円形方孔」の形態をとっている。

「方孔」については製作過程における技術上の必要性もあるが、この「円形方孔」という形態は天円地方説に基づいてデザインされたと考えられている。天の象徴は円形、地の象徴は方形であるとされ、

『周髀算経《しゅうひさんけい》』（紀元前十世紀に編纂されたという中国最古の天文数学書のひとつ）にも「天は円に通じ、地は方に通ず」とある。また、都城の近郊に天壇（円丘）と地壇（方丘）を築いて祭祀が行われている例も見られる。

このように、富本銭が手本とした古代中国の貨幣は伝統的に円形方孔の形態なのだが、この形態には天円地方説による意図とともに、天地同根説に基づいたシンボリズムも意図されていたと考えられる。『淮南子《えなんじ》』「天文訓《てんもんくん》」には「天は円に、地は方に、道は中央にあり」と書かれ、天地は同根であるという。地の象は常に天に反映し、天子が行う政治が天道にかなう時、天からは祥瑞が示され、めでたいしるしとされた。この祥瑞を「天瑞」と表現し、自らの政治を天道にかなったと宣言したのが六八三（天武十二）年正月の詔であった。

そして、この天瑞の詔は、天武の統治観が中国の皇帝を強く意識した統治観へと発展的に変容したことを宣言していた。「倭国の大王」から「日本国の天皇」へと統治観を発展的に変容した天武は、様々な政策の実施を通して統治観の変容を具象化したが、富本銭の鋳造もその一環であったと思われる。

富本銭の円形も方孔も同心でデザインされているから、天（円形）の中央と地（方孔）の中央は同根（同心）であり、日本で最初に鋳造された富本銭は、天地同根説により、天瑞の詔を具象化したわが国初のメモリアルコイン（記念硬貨）でもあったと言える。

このように、新たな国家体制「日本国」の新たな統治者としての「天皇」という位置づけをおこなった天武は、病気の快復とともに、自らの後継者についても再び考慮し、その思いを現実の政治に表出した結果が大津の抜擢となった。

すでに皇太子として草壁が存在する以上、本来ならばそのような表出は必要ではなかった。しかし、草壁の健康・資質について天武は不満を抱いており、新たな国家体制としての「日本国」号、その統治者としての「天皇」号を公式化した天武としては、この時点で再び後継者の資質を問う必要性を強く意識したのであろう。

草壁の資質については前記したところだが、その健康状況について『日本書紀』には具体的な記述が見られない。しかし、天武が崩御した時点で即位できなかったこと、また、その三年後に自らも薨去していることから推測するならば、天武晩年においても、草壁の健康状況が良好であった可能性は低い。

このように病弱な草壁が、新たな国家体制としての「日本国」の統治者である「天皇」の後継者であることは、その創出者である天武にとって大いなる不満であったであろう。立太子の決定にしても鸕野および自らの発病による健康問題から、不満をもちながらも妥協せざるを得なかった焦慮の結果と言える。

こうして、六八三（天武十二）年二月一日、大津の朝政参与が実行された。天武は新たな統治観によって望ましい後継者像を再び描き出す中、予想される反対派への配慮として、警戒すべき東漢氏のみに対する異例の賜姓、また、事変の当事者に対する厳しい糾弾の詔を宣するなどの牽制策を実施した。その上で、後継者として最も適した資質・条件を備えている人物を選定する必要性を強く認識し、大津を朝政に参与させたのである。

しかしながら、この天武の後継構想は、草壁の後楯である鸕野にとっては到底、許容できるものではなかった。そのため、鸕野は天武の後継構想を否定すべく遠望深慮し、実に巧妙な策謀を展開するのである。

第三章　草薙剣の祟り

一　草薙剣の由来

六八六（朱鳥元）年六月十日、重病におちいった天武天皇の病因が占われ、「草薙剣の祟り」と導き出された。そのため、宮中に保管されていた草薙剣は、即日、尾張国（愛知県）の熱田神宮に奉還された。壬申の乱を勝ち抜いた専制君主の天武が、どのような理由で「草薙剣の祟り」を受け、崩御しなければならなかったのであろうか。また、「草薙剣の祟り」によって天武が崩御したことは、その後、どのような影響を及ぼしたのであろうか。この問題について第三章では考察するのだが、まず草薙剣の由来から始めよう。

◇

七一二（和銅五）年に成立した『古事記』において、「草那芸剣」は登場する。七二〇（養老四）年の成立である『日本書紀』は「草薙剣」と書く。（本書では便宜上、「草薙剣」と表記する。）

『日本書紀』に記されている神話は、天地の成り立ちから書き起こされている。天地が分かれる以前は、混沌とした鶏の卵のような状態であった。やがて、清く明るく澄んだものがたなびいて「天」となり、重く濁ったものがつもり、こもって「地」になったという。
この記述は、古代中国の天文書『淮南子』の「天文訓」などに書かれている宇宙論に基づいている。清く澄んだものを陽（天）、重く濁ったものを陰（地）とし、陰と陽の二元論を用いて天地の創造を説明している。これを陰陽説といい、後に五行説と結びついた陰陽五行説は古代の日本に伝えられ、宗教や文化などの面で大きな影響を与えた。

日本の創世神は清く明るい天の世界に誕生し、国常立尊《くにのとこたちのみこと》という。その後、七代にわたる神々が出現し、やがて伊奘諾尊《いざなきのみこと》と伊奘冉尊《いざなみのみこと》という夫婦神が出現する。この二柱《ふたはしら》の神が大八州(日本列島)を創り終えた後、更に日の神である大日靈貴《おおひるめのむち》（「異伝」では天照大神《あまてらすおおみかみ》と書く。本書では以下、天照大神と表記）、月の神（「異伝」では月弓尊《つくゆみのみこと》、月夜見尊《つくよみのみこと》、月読尊《つくよみのみこと》と表記）、足の不自由な蛭児《ひるこ》、そして、勇ましく残忍性をもつ素戔嗚尊《すさのおのみこと》（「異伝」では神素戔嗚尊《かむすさのおのみこと》、速素戔嗚尊《はやすさのおのみこと》と書く。本書では以下、素戔嗚尊と表記）を生んでいる。

皇室の祖先神とされる天照大神は、その姿がたいへん美しく、「光華明彩《ひかりうるわ》し」と表現され、国中をあまねく照らすことができたため、伊奘諾尊と伊奘冉尊は天上世界の神とした。月の神もまた天照大神と同様に美しい神であったため、天上世界の神となった。

次の蛭児は三歳になっても足が不自由であったため、天磐櫲樟船《あまのいわくすぶね》に乗せられ、風のままに流されてしまう。後に、天磐櫲樟船は播磨国（兵庫県）西宮に漂着し、現在の西宮神社はこの蛭児を祭っている。

最後に、勇猛かつ残忍な性格であった素戔嗚尊だが、どういうわけか常にすさまじい勢いで泣きじゃくっていた。そのため、青々とした山々が枯れ山になってしまうほどであった。困り果てた伊奘諾尊と伊奘冉尊は、この素戔嗚尊を天上世界の神にすることをあきらめ、根国《ねのくに》という地上世界の神とした。

根国に追放された素戔嗚尊は、後に天上世界にもどってくるのだが、その時におこなわれた天照大神との誓約《うけい》の神話、また、天照大神が天石窟《あまのいわや》に隠る神話などが『日本書紀』では展開されている。いずれの神話も重要な意義をもっているのだが、ここでは草薙剣の由来について考察するため省略して先に進む。

◇

これらの神話の後に、素戔嗚尊は再び高天の原から追放される。その理由は、素戔嗚尊が姉神である天照大神に対し、くりかえし悪事（天津罪《あまつつみ》）をはたらいたからであった。高天の原から追放された素戔嗚尊が降り立った場所は、出雲国（島根県）簸《ひ》の川（斐伊川）の上流であった。

ここで素戔嗚尊は深い悲しみをふくんだ泣き声を聞き、国神である脚摩乳《あしなづち》、その妻の手摩乳《てなづち》、娘の奇《くし》稲田姫《いなだひめ》と出会う。脚摩乳の説明によれば、奇稲田姫は八岐大蛇《やまたのおろち》という怪物の生贄にされるという。そこで、奇稲田姫を救うため、素戔嗚尊は八岐大蛇を退治することになる。

八岐大蛇、その姿形は赤い鬼灯のような目をもち、八頭八尾で体には苔や檜、杉が生え、背丈は八つの山や谷にまでわたった。素戔嗚尊は八岐大蛇に八醒酒《やしおおりのさけ》という純度の高いどぶろくを飲ませ、酔いつぶれた八岐大蛇を十握剣《とつかのつるぎ》によって切り刻み、みごとに退治する。

ところが、八岐大蛇の尾を切り刻んだ時、手にした十握剣の刃が少しばかり欠け落ちてしまう。不思議に思い、尾を切り裂いてみると、中から立派な剣が出現した。あまりの神々しさに、素戔嗚尊はこの剣を天上世界の天照大神に献上したのであった。

こうして、八岐大蛇の体内から発見され、素戔嗚尊から天照大神に献上された剣こそ、本章の主題の「草薙剣」である。草薙剣は八岐大蛇の尾から出現しているから、両者は同体であり、草薙剣は本来、蛇剣と言える。

◇

天照大神に献上された草薙剣はその後、皇孫《すめみま》とともに再び地上世界に降臨することになる。『日本書紀』によれば、天照大神は皇孫の天津彦彦火瓊瓊杵尊《あまつひこひこほのににぎのみこと》（天照大神の子である正哉吾勝勝速日天忍穂耳尊《まさかあかつかちはやひあまのおしほみみのみこと》と高皇産霊尊《たかみむすひのみこと》の娘である栲幡千千姫《たくはたちじひめ》との間に生まれた）を、地上世界である葦原中国《あしはらのなかつくに》の統治者にしようとした。

まず、天照大神は天穂日命《あまのほひのみこと》を葦原中国へ派遣し、まつろわぬ者どもの平定をくわだてる。しかし、天穂日命は国神である大己貴神《おおなもちのかみ》の娘をめとり、媚びへつらったまま三年が経過してしまう。その後、天穂日命の子である大背飯三熊之大人《おおそびのみくまのうし》や天稚彦《あめわかひこ》を派遣するが、父神同様に国神にへつらうことになり、八年が経過する。

そこで、経津主神《ふつぬしのかみ》と武甕槌神《たけみかづちのかみ》が派遣されることになった。二柱の神は出雲国（島根県）五十田狭《いたさ》の小汀《おはま》において、国神である大己貴神から「葦原中国を天神に奉る」という国譲りの約束をようやく取りつけることに成功する。

その後、地上世界の統治者として、天津彦彦火瓊瓊杵尊（天照大神の孫）が葦原中国に降臨する。これが「天孫降臨」と言われる神話であり、天津彦彦火瓊瓊杵尊は日向国（宮崎県）襲《そ》の高千穂峯に天下ったと言われている。

『日本書紀』第九段の「第一書」には、天孫降臨において、天照大神が皇孫に「八坂瓊曲玉《やさかにのまがたま》」、「八咫鏡《やたのかがみ》」、そして、「草薙剣」を授けたと記され、これは後に「三種の神器」と言われることになる。

◇

『古語拾遺』によれば、崇神天皇の時、宮中で祭っていた天照大神と草薙剣を、豊鍬入姫命《とよすきいりびめのみこと》に託して大和の笠縫村《かさぬいむら》（位置未詳）に遷し祀ったという。また、『日本書紀』によれば、垂仁天皇は豊鍬入姫命にかわり、倭姫命に天照大神の祭祀を託している。倭姫命は天照大神の鎮座地を求め、伊勢国（三重県）五十鈴川《いすずがわ》の川上に至る。そして、この地に斎宮《いつきのみや》を設けて磯宮《いそのみや》と名づけ、天照大神と草薙剣を祀った。更に「異伝」には、後に倭姫命が天照大神と草薙剣を笠縫村から度会宮《わたらいのみや》に遷祀したと書かれており、これが現在の伊勢神宮（内宮）となる。

伊勢の地に祀られていた草薙剣は、その後、日本神話における代表的な英雄、日本武尊《やまとたけるのみこと》（『古事記』では「倭建命」と書くが、本書では以下、「日本武尊」と表記）へと授けられる。日本武尊の父は景行天皇、母は稲日大郎姫《いなびのおおいらつめ》、幼名を小碓尊《おうすのみこと》、または日本童男《やまとおぐな》といった。

『古事記』によれば、日本武尊は年少の時から武勇に優れていた。ある時、景行天皇が美濃国（岐阜県）の国造《くにのみやつこ》の娘を求め、日本武尊の兄の大碓命《おおうすのみこと》を使者として派遣した。ところが、大碓命は国造の娘のあまりの美しさに、これを横領するという事件が起きる。父である景行天皇から大碓命の探索を命じられた日本武尊は、見つけ出した兄を連れもどそうとし、その怪力によって兄大碓命をつかみつぶし、手足を引きもいで殺してしまったという。

また、十六歳の時、景行天皇の命によって九州の熊曾建《くまそたける》を征伐した折には、自ら女装して熊曽建を滅ぼし、更に、出雲征伐では自らの木刀と出雲建《いずもたける》の真刀を取り替えさせて、出雲建を討ちとっている。このように、日本武尊は剛力のみではなく、奇抜な知謀を兼ね備えた勇者でもあった。

熊曾建、そして出雲建を征伐し、都に凱旋した日本武尊は、父景行天皇に賛辞と慰労の言葉を期待した。ところが、景行から発せられたのは、更に至難な東国征伐の使命であった。日本武尊は東征に先立ち、姨である倭姫命がいる伊勢神宮に詣でる。武勇に優れた日本武尊ではあったが、姨の前では父への恨み言を漏らし、憂い泣きをする姿が記されている。

この時､東征に旅立とうとする日本武尊に､倭姫命は草薙剣を授けている。後に､日本武尊が駿河国(静岡県）に至った時、国造の策略によって野火による奇襲を受けた。四方から迫りくる猛火、この危機を日本武尊は、倭姫命から授かった草薙剣と火打ち石によって回避する。

日本武尊は腰に帯びた草薙剣を抜き放ち、自らの周囲にある草々を薙ぎ払い、持っていた火打ち石を素早く打ち合わせ、向かえ火を放つ。炎は風向きの変化とともに国造側へと向かい、窮地をのりきることができた。

『古事記』は、八岐大蛇の尾から出現した剣を「天叢雲剣《あまのむらくものつるぎ》」と表記している。この天叢雲剣を持って東国征伐に向かった日本武尊が、駿河国において国造による火攻めに合いながらも、草を薙ぎ払い、向かい火によって窮地を脱したことから、「草那芸剣」と名づけられた経緯を説明している。

東国平定の後、日本武尊は尾張国（愛知県）へ立ち寄り、尾張氏の娘である宮簾媛《みやすひめ》と結婚し、しばらくこの地に滞在する。ここで、日本武尊は草薙剣を宮簾媛のもとに置いたまま、五十葺山（伊吹山）の神の平定に向かう。

しかし、大蛇と化した五十葺山の神の毒気にあたり、病におちいった日本武尊は、尾張国能褒野《のぼの》（三重県鈴鹿市北方から鈴鹿郡鈴峰村、亀山市東部にかけての野）において崩御する。時に三十歳であった。

崩御した日本武尊に対し、父景行は能褒野に陵《みささぎ》を造営するが、日本武尊の霊魂は白鳥となり、倭国（奈良県）に向かって飛び立つ。白鳥と化した日本武尊は琴弾原《ことひきのはら》（御所市冨田）、河内国（大阪府）舊市邑《ふるいちのむら》（羽曳野市軽里）を経た後、天上世界へと旅立ったという。

こうして、日本武尊が倭姫命から授かった草薙剣は、宮簾媛のもとに残されたままとなった。尾張国（愛知県）年魚市郡《あゆちのこおり》（名古屋市熱田区）に鎮座し、尾張氏が奉祭する熱田神宮は、この草薙剣をご神体として祀る神社である。

現在の熱田神宮は伊勢神宮の殿舎と同じ配置になっているが、これは明治以降のことであり、かつては奥の回廊内に小さな二つの社殿が並び建っていた。東の小殿が草薙剣を祀る土用殿であり、西の正殿には日本武尊など五神が祀られていた。

◇

このように、草薙剣は本来、熱田神宮で祀られるべき神剣である。その草薙剣が六六八（天智七）年、新羅《しらぎ》の僧道行《どうぎょう》によって盗み出されるという事件が起きた。道行は盗み出した草薙剣を持ったまま、新羅へと逃亡を謀る。しかし、その途中、暴風雨に遭遇して逆に日本にたどり着き、その際、草薙剣は押収されて、宮中において保管されることとなった。

道行が熱田神宮から草薙剣を盗み出したねらいは明らかでない。当時、新羅は日本と友好的な外交関係にはなかった。天智天皇は百済《くだら》の復興を目指していたから、唐と組んで百済を滅ぼした新羅とは、むしろ敵対関係にあったと言える。

六六三（天智二）年八月二十八日、白村江《はくすきのえ》において日本軍と唐・新羅連合軍の大海戦（白村江の戦い）が展開された。日本軍は人員および船数では唐・新羅連合軍に勝っていたが、戦略における不備により、完全な敗北を喫した。

熱田神宮から草薙剣が道行によって盗み出されたのは、白村江の戦いから五年後の六六八（天智七）年である。この五年間は、唐・新羅連合軍による更なる侵攻の可能性があり、天智によって日本本土が防衛化される時期であった。

このような時期に、草薙剣は新羅の僧、道行によって熱田神宮から盗み出された。草薙剣は日本における武（軍）の象徴的な存在であった。その草薙剣を略奪することは、唐・新羅連合軍の日本侵攻に備えようとする精神的な支柱を奪う結果となる。道行が草薙剣を熱田神宮から盗み出したねらいは、おそらくこのあたりにあったのであろう。

ともかく、暴風雨という偶然のできごとではあったが、結果的に道行は日本脱出に失敗した。そのため、草薙剣は大津宮の宮中において保管されることになった。更に、壬申の乱（六七二年）によって近江朝は滅ぼされ、大海人皇子が即位する。天武天皇の即位がおこなわれたのは飛鳥浄御原宮であり、以来、草薙剣は飛鳥浄御原宮において祀られていたのである。

二　天武朝と草薙剣

飛鳥浄御原宮で祀られていた草薙剣は、天武にとり、どのような意義をもっていたのであろうか。この点について、示唆される二人の指摘に注目したい。
第一は西嶋定生「草薙剣と斬蛇剣」(『江上波夫教授古希記念論集・歴史編』所収・山川出版社)である。

国史編修事業を契機として、天武朝の宮中に保持されていた宝剣のひとつを、鏡とともに、近江朝を滅亡させた天武朝の正当性を示す宝剣(レガリア)として意義づけることが当面の課題となり、その意義づけは天武朝を漢王朝に擬定するという志向にもとづいて行なわれた。このばあいに想起されたことは、漢王朝において高祖が白蛇を斬ったという斬蛇剣が即位儀礼において伝授される宝器のひとつであったこと、および天武天皇が自らを漢の高祖に擬していたということであろう。それゆえ武力によって近江朝を滅亡させた天武天皇が、天皇としての正当性を示し、それを後代に継承させるためには、宮中に保持されていた宝剣を漢王朝の斬蛇剣に擬して、これを神霊の宝剣とすることが有効であったと考えられる。

第二は福永光司『道教と古代日本』（人文書院）である。

剣を皇帝権力の神聖性の象徴とする道教的思想信仰も、漢の王朝の創始者・高祖劉邦の斬蛇剣の神話として既に古く『史記』や『漢書』に記述が見え、（中略）同じく『古事記』の須佐之男命の〝斬蛇剣〟である「草那芸の大刀」が神剣として天照大御神に献上され、その神剣がまた天孫降臨の際に迩迩芸命に授与され、その授与された神剣が更にまた「伊勢の大御神の宮」で倭比売命から甥の倭建命に授けられて、遂に尾張の熱田神宮に奉祀されることになる顛末も、道教の剣の思想信仰と密接な関連性を持つ。

このように、宮中に保管されていた草薙剣は、「高祖劉邦の斬蛇剣の神話」を手本として、近江朝を武力で滅亡させた天武朝の正当性を示す「神霊の宝剣（レガリア）」という意義づけをされようとしていたのである。

道教思想に通じていた天武は、「剣を皇帝権力の神聖性の象徴とする道教的思想信仰」を熟知していたであろう。また、自らを漢の高祖に擬していたのだから、「漢の王朝の創始者・高祖劉邦の斬蛇剣の神話」も十分に認識していたと考えられる。

ところが、六八六（朱鳥元）年六月十日、天武の病因は「草薙剣の祟り」と占い出された。草薙剣が天武に悪病をもたらす病因であるという結果は、前記した西嶋定生氏や福永光司氏の指摘を考慮した場合、きわめて重要な意味をもってくる。

この占いの結果は、天武朝の正当性を証明しようとする「神霊の宝剣（レガリア）」という草薙剣の意義を、天武に悪病をもたらす「邪剣」へと変容させ、更に、天武朝そのものの正当性さえも否定する意味を合わせもっていたのである。

『史記』の「高祖本紀」や『封禅書』、『漢書』の「高帝紀」には、「白帝の子」が「白蛇」に化していたこと、その「白蛇」を「赤帝の子」が斬ったこと、漢王朝の創始者である高祖劉邦が「赤帝の子」に擬されていたこと、そして、漢王朝の正当性を証明する「神霊の宝剣」が「斬蛇剣」と言われたことが記されている。

この内容を天武朝の場合にあてはめると、自らを高祖に擬した天武が「赤帝の子」となり、「赤帝の子」に斬られた「白帝の子」は、壬申の乱において天武に攻められ、自害した大友皇子となる。そして、漢王朝の正当性を証明する「斬蛇剣」は草薙剣と重複する。

『日本書紀』によると、壬申の乱において近江軍は「人ごとに『金』と言わせた」とあり、味方同士の合い言葉として、「金」を唱えさせていた。これに対し、大海人軍は「赤色の布を衣の上に着けた」とあり、「赤」軍とされた。

陰陽五行思想によれば、「金」は「金気」であり、「赤」は「火気」の象意である。そして、「金気」と「火

（図4）五行配当図

五　気	木	火	土	金	水
五　色	青	赤	黄	白	黒
五　方	東	南	中　央	西	北
五　時	春	夏	土　用	秋	冬
五　常	仁	礼	信	義	智
十　干	甲・乙	丙・丁	戊・己	庚・辛	壬・癸
十二支	寅・卯・辰	巳・午・未	辰・未・戌・丑	申・酉・戌	亥・子・丑
月（旧暦）	1・2・3	4・5・6	土　用	7・8・9	10・11・12

（図5）五行相克図

木克土
土克水
水克火
火克金
金克木

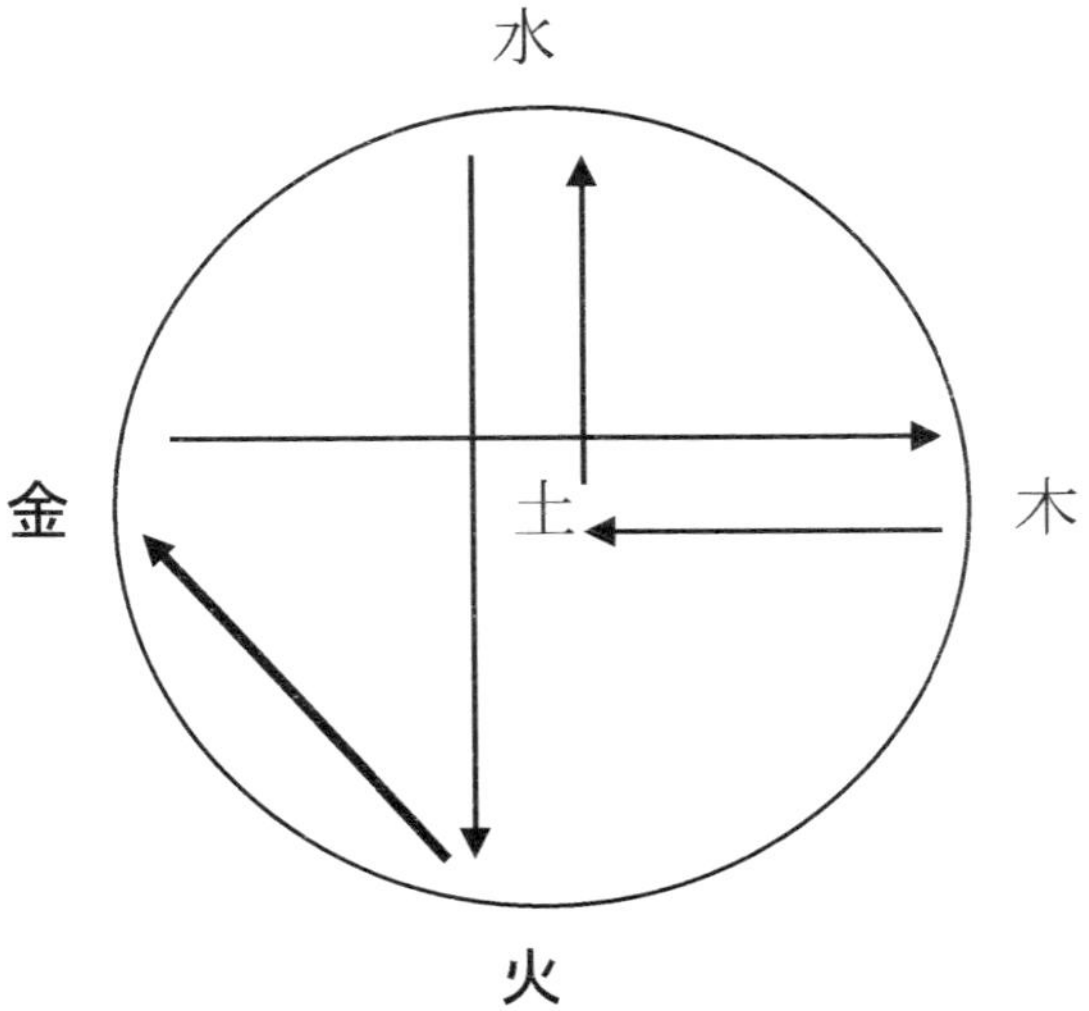

気」の両者には、「火克金」という「相克の理」が貫かれている。つまり、「火気」である「赤＝赤帝の子＝大海人皇子」は、「金気」である「白＝白帝の子＝大友皇子」に討ち克つことを意味している。（前頁、図４・５）

このように、『日本書紀』は明らかに天武には「火気」を、大友には「金気」を配当して記している。これは天武を「赤帝の子」に、大友を「白帝の子」に重複させる意図に基づくものであり、草薙剣を「斬蛇剣」に重複させる意図と共通する。

草薙剣を「神霊の宝剣（レガリア）」とする意義づけの動きは、国史編修事業の動きと関連しており、天武によって国史編修事業が始められたのは、六八一（天武十）年三月からである。

天武の治世については、これを前期と後期の二つに分けてとらえることができる。この場合、六八一（天武十）年が重要な節目になり、この年を境に天武の諸政策は後期の仕上げの段階に進んだと言える。

また、第二章（四）で論述したように、六八三（天武十二）年を境にして、天武の統治観は大きく変容している。その変容は、倭国の統治者から中国的な統治者である皇帝を強く意識した変容である。更に具体的に言うならば、「倭国の大王」から「日本国の天皇」への発展的な変容であった。

このような統治観の変容とともに、六八一（天武十）年には、即位以来、引き延ばされていた草壁の立太子の儀が二月二十五日に実行された。更に、その二年後の六八三（天武十二）年二月一日には大津が朝政に参与することとなり、天武の後継問題が具体的になる時でもあった。

（図６）草薙剣の意義の変容

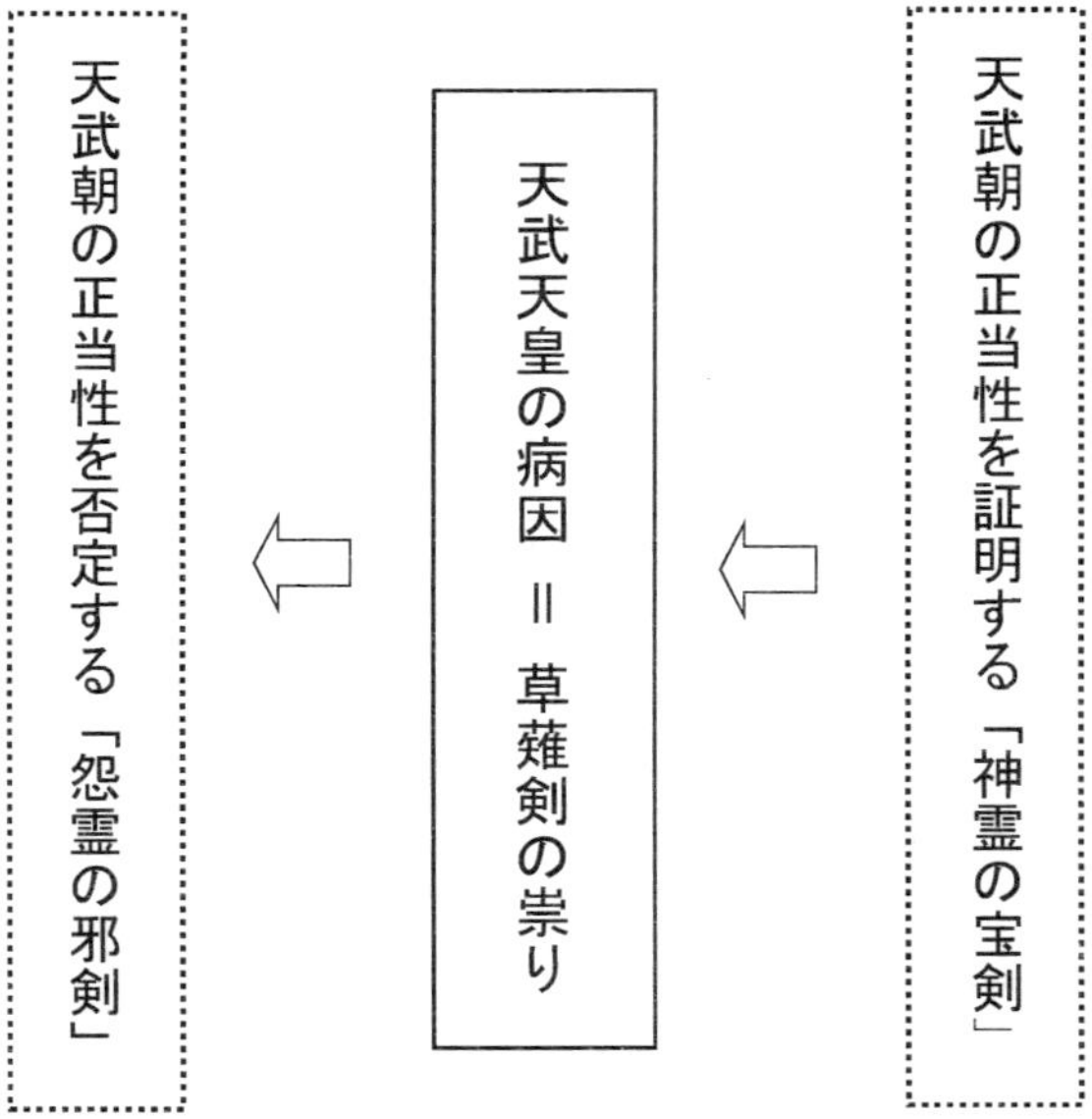

したがって、『史記』や『漢書』などに書かれている漢の高祖に、天武が自らを擬し、宮中に保管されていた草薙剣を、近江朝を滅亡させた天武朝の正当性を示す宝剣として意義づけをしようとする動きは、天武の統治観の変容、および、後継構想とも関わって急速に推進されたと考えられる。

ところが、六八六（朱鳥元）年六月十日に天武の病因が占われ、九月九日には崩御する。死の直前において、その正当性を証明しようとするレガリアとしての「草薙剣の祟り」により、天武は崩御し、その政権の正当性は否定されてしまったわけである。

そして、草薙剣は「斬蛇剣」に重複されていたから、「草薙剣の祟り」は「斬蛇剣の祟り」であり、斬蛇剣によって斬られた「白帝の子の祟り」と言える。天武朝に対しては「大友皇子の祟り」であり、天武の病因占いは、まさに「神霊の宝剣（レガリア）」とされた草薙剣が、天武朝を否定する大友の「怨霊の邪剣」へと意義を変容させられたできごとであったと言える。（前頁、図6）

天武は壬申の乱（六七二年）により、天智の後継者である大友を打倒し、自らの政権を打ち立てた。そして、その政権の正当性を証明する必要性から、漢の高祖が宝器とした斬蛇剣に擬すべく、草薙剣に着目したのであった。

草薙剣は本来、天武朝の正当性を証明すべき存在であり、天武自身の構想においては権威の象徴として、きわめて重要な宝剣であったと言える。そのため、草薙剣が天武に祟り、重病に追い込み、更には崩御させてしまったという病因占いの結果は、天武自身の構想からは生じてはこない。

また、第一章（一）において論述したように、祟りが自然に発生するためには、謀反や策謀によって憤死せざるを得なかった者の怨念と、謀反や策謀をおこなった者の滅罪の意識が存在しなければならない。

したがって、草薙剣に付加された意義を踏まえた上で、天武の病因が「草薙剣の祟り」と占い出された背景を考えるならば、天武朝の正当性、および、天武の後継構想に関わる否定的な意図、策謀が存在していた可能性が高いと言わざるを得ない。

それでは、天武の政権構想の、どこに「草薙剣の祟り」という策謀をもって否定されなければならない要因があったのか。また、現人神と称えられるほどの天武に対し、どのような人物が「草薙剣の祟り」という策謀を実行し得たのであろうか。

三　鵜野皇后と草薙剣

天武の病因が「草薙剣の祟り」と占い出された六八六（朱鳥元）年六月の直後、同年七月十五日、「天下のことは大小となく、ことごとく皇后および皇太子に申せ」という勅がくだされている。ここに至って、政権担当の全権は鵜野皇后および草壁皇太子に委譲された。ここには天武によって抜擢され、朝政に参与していた大津の名はない。

この全権委譲の背景は、天武が病気のため危篤状態におちいったことが主たる要因であったと考えられる。しかし、政権担当の全権が鵜野および草壁に委譲される直前に、天武の病因が占われ、「草薙剣の祟り」という結果が導き出された点に留意すべきである。

草薙剣は前記したように、天武朝の正当性を象徴する「神霊の宝剣（レガリア）」とされようとしていた。その草薙剣が天武に祟っているということは、単に天武の病因とされるのみではなく、実は、近江朝を武力で倒して成立した天武朝の正当性が否定され得る可能性を合わせもっていた。

鵜野は「持統紀」に、「終始天皇を助けて天下を安定させ、常に良き助言で、政治の面でも輔弼の任を果たされた」とあるように、天武が即位する以前、吉野隠遁の時代から行動をともにし、即位後もともにその政務にたずさわってきた経緯がある。

したがって、天武朝は天武と鵜野の共治体制であったとも言える。その鵜野が、天武朝の正当性を否定し、天武の政治姿勢を批判する要素をもつ占いの結果を、どのように受け止めたであろうか。

◇

共治体制でともに歩んできた天武と鵜野だが、二人の間にまったく見解の相違がなかったわけではない。この点については、外交政策に視点をあてた大和岩雄「大津皇子謀反事件の背景――国際関係の視点から――」(『天武天皇論(二)』所収・大和書房)の指摘がある。

天武の外交姿勢は親新羅の傾向だが、持統女帝は反新羅的であり、これは近江朝(天智天皇・大友皇子)の親百済・反新羅外交の姿勢に通ずる特徴である。また、大津皇子の謀反事件に新羅僧行心が関係するとともに、流罪に処せられた砺杵道作《ときのみちつくり》も新羅系氏族であった。したがって、大津の身辺に新羅僧や新羅系氏族が存在していたことは、天武・大津と新羅との結びつきを暗示しているという。

このような見解の相違が両者には見られるのだが、外交政策の相違にもまして、ともに政権を支えてきた天武と鵜野との間には、長らく和解し得ない大きな課題が存在していた。それが天武の後継問題であり、草壁皇子と大津皇子をめぐる考え方の相違である。

天武は自らが即位した時点で鵜野を皇后としたが、草壁を皇太子には長らく立てなかった。その理由は第二章において論述したように、天武自らが草壁を皇太子とすることを許容できなかったからである。その後、六七九（天武八）年五月六日には、吉野において「吉野の盟約」がおこなわれ、草壁をトップとする後継順位が明らかになった。しかし、草壁の立太子が実施されたのは、それから一年八ヵ月も後である。したがって、「吉野の盟約」がおこなわれた六七九（天武八）年五月の時点でも、天武は草壁を後継者とすることに踏み切れなかったと言える。

即位後十年目にしてようやく実現した草壁の立太子だが、その背景には鸕野と天武とが相次いで罹病したことによる両者の焦りが存在した。この焦りが天武を妥協的決定に誘導し、草壁立太子が実現したことは前記した通りである。

この罹病による焦慮的決定としての草壁立太子は、病気の快復とともにその妥協に潜む不満が表出する結果となった。更に、天武は自らの統治観の変容にともない、自らによく似た資質を備えた大津を後継者として抜擢しようとする動きを見せる。しかし、この動きはわが子草壁を後継者にと願う鸕野にとっては、とうてい許容できるものではなかった。

亀田隆之『皇位継承の古代史』（吉川弘文館）は、

草壁と大津との対立は当時の朝廷に大きな混乱を生むとともに、場合によっては、草壁の即位をも不安定なものにすると持統には考えられたのであろう。彼女にとっては、大津にどのような才能があろうと、そしてまた天武が政治への参加を認めたからといって、邪魔な存在以外の何者でもないのであり、断乎排除すべき存在として意識されていたのである。

と指摘する。

このように、吉野へ隠遁した時から行動をともにし、天武政権を支えてきた鸕野であったが、天武の後継問題は、二人の間で容易に解決できない重要な課題として、政権の発足当時から存在していたのである。

草壁を後継者にと欲する鸕野にとり、大津の朝政参与という天武の宣告は、大きな衝撃であったに違いない。しかしながら、「持統紀」に「天皇は落ち着きのある広い度量のお人柄であった」とあるように、鸕野はそのような衝撃に負けるような軟弱な性格ではない。愛息の草壁を次期天皇として即位させるための策謀を、深慮遠望しながら模索したであろう。

当然のことながら、天武は鸕野の抵抗を予期し、事前にその抵抗を防ぐ対策を講じていた。六八二（天武十一）年五月、謀略を得意とする東漢氏に連姓を他氏に先立って賜与したこと、同年十一月、親王をも含め、天皇の住まいである内裏および朝政を執りおこなう政庁の内であっても、事変を防止しようとする糾弾の勅を発したことは、すでに第二章（三）において論述した通りである。

大津を抜擢した天武の動きを阻止するため、そして、わが子草壁を次期天皇とするために、鸕野は

（図７）天武天皇の病因占いの背景

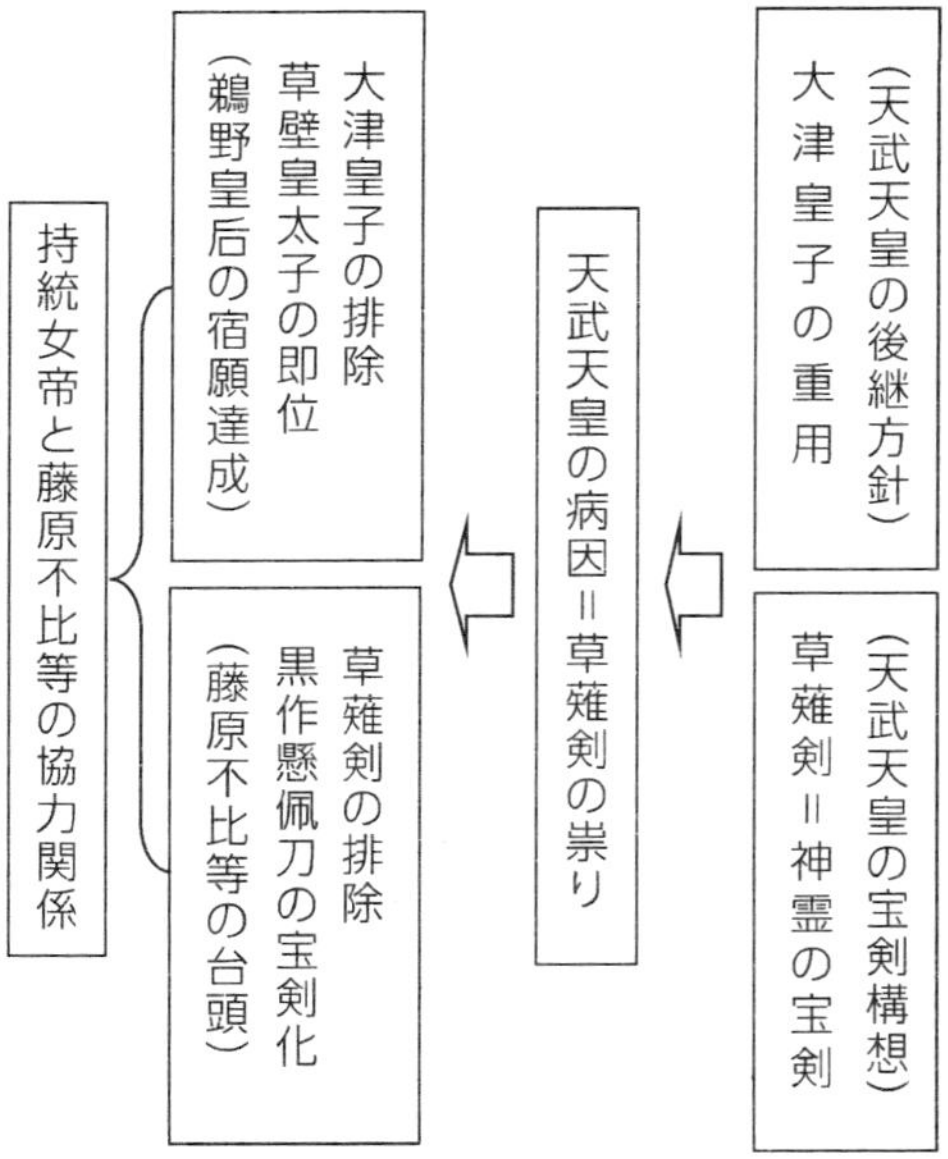

目的を達成するための策謀を熟慮するとともに、全幅の信頼を寄せることのできる協力者を慎重に選りすぐったであろう。

その策謀は糾弾の勅にふれてはならず、また、天武の後継構想に賛同する人々を納得せしめるものでなければならない。更に、天武に懐柔された東漢氏以外に、謀略を得意とする者の中から協力者を求めなければならなかった。

こうして、天武の大津を抜擢しようとする姿勢や新羅との結びつきを継続しようとする動きに対し、不安を感じていた鵜野を中心とする人々により、天武の後継構想（大津の抜擢）とともに、天武朝そのものの正当性を否定する策謀が考案され、実行されたのである。

（図７）

周到にして老獪、深慮遠望の人、鵜野にしてみれば、このような策謀を考案し、実行するのは、さして困難な課題ではなかったかもしれない。更に、大津の朝政参与に対する自らの抵抗を押さえこまれた糾弾の勅も、立場を一転し、逆に草壁に対する反対派による抵抗を押さえつける勅として、有効に利用する結果になった。

したがって、天武の病因占いは、近江朝を武力によって倒し、皇位を簒奪したという滅罪の意識を扶植した上で、大友の祟りを忌避しようとする願望を巧みに利用し、その後継構想を否定するために実行された巧妙な策謀であったと言える。

なお、この天武の病因占いには、鵜野と目的を同じくする協力者として藤原不比等の存在を忘れてはならないが、この点については第六章（一）において論述する。

四　尾張大隅と草薙剣

草薙剣は熱田神宮の御神体である。熱田神宮の祭司氏族は尾張氏だから、尾張氏は宮中で保管されていた草薙剣が、一刻も早く熱田神宮に奉還されることを強く願っていた。

『日本書紀』によれば、尾張氏は孝昭・崇神・応神・継体の各天皇に皇妃をおくっている有力な古代豪族である。しかし、天武朝において尾張氏は冷遇されている。大和岩雄「原ヤマトタケル物語と伝承氏族」（『日本古代試論』・大和書房）は、

しかし、壬申の乱における彼らの活躍はあまりにも報われることがすくなかった。小子部鉏鉤の自殺は他に原因もあろうが、『書紀』に連戦連勝した将軍として書かれている多臣品治、勇士としてその死に天武天皇が涙したという大分君恵尺、居宅や私財を提供した尾張宿禰大隅、尾張連馬見らは、みな同様である。特に天武天皇が死んだ後はさっぱりである。

とする。

尾張大隅《おわりのおおすみ》の功労記事がようやく見られるのは、六九六（持統十）年五月八日であり、直広肆《じきこうし》を授けら

れるとともに、功田として四十町を賜っている。また、『続日本紀』によれば七五七（天平宝字元）年十二月九日、壬申の乱において尾張大隅が自らの私宅を大海人皇子に行宮として提出したこと、軍資を提供したことにより、功田四〇町が授与された経緯が記されている。

ところが、ここに記された「功田四十町」は「上功」の類に入り、壬申の乱では尾張大隅ただ一人である。功績が上功であるならば、天武朝において優遇されず、「天武紀」においても功労記事が見られないのは不自然である。また、尾張氏の念願であった草薙剣の奉還についても実施されてもよい。しかし、祭司氏族として念願であった草薙剣が熱田神宮に奉還されたのは、天武の病因占いがおこなわれたその日であった。

尾張大隅は壬申の乱において私宅を大海人に供出し、軍資を提供しているが、同じく功田を授与された村国男依《むらくにのおより》（一〇町）、坂上熊手《さかのうえのくまて》（六町）、置始兎《おきそめのうさぎ》（五町）、星川臣麻呂《ほしかわのおみまろ》（四町）と比べると厚遇すぎる。その他の功臣、大伴馬来田《おおとものまぐた》、大伴御行《おおとものみゆき》、朴井雄君《えいのおきみ》、阿倍御主人《あべのみぬし》なども中功であり、大隅だけが上功として四〇町を授与されているのは突出している。

大塚泰二郎「壬申の乱における尾張二万軍の謎」（『東アジアの古代文化』第五八号所収・大和書房）は、

つまり大隅は、反乱のかなり以前から大海人に内応し、同族はもちろん尾張国内の国司・郡司や豪族たちに働きかけていた。六月二二日の指令をうけた大隅は、ただちに〝二万の軍〟を動員し、大

　海人軍に参加した。こう考えるならば、大海人軍を決定的に有利にみちびいた大隅にたいして、上功として功田四〇町があたえられたことも、はじめて納得できるのである。


とし、上功の理由を「〝二万の軍〟を動員し、大海人軍に参加した」行動であったと推測している。

　ところが、『日本書紀』によれば、二万の軍を率いて大海人軍に参加したのは尾張国司であった小子部鉏鉤《ちいさこべのさひち》である。小子部鉏鉤は後に謎の自殺を遂げるが、この点に関して大塚泰二郎氏は「大隅との功績をめぐるトラブル」と見ている。

　小子部鉏鉤の自殺について伴信友は『長等の山風』の中で、本来は近江方であった鉏鉤が偽って大海人方に帰順し、隙を見て皇子を捕らえようと謀ったが、皇子がそれを察知してその軍兵を諸方に分遣したため機を失し、近江方の敗北を見て自殺したと推測している。

　さしたる軍功も記されず、天武朝で冷遇されていた尾張大隅が、他の功臣を上回る上功者として、持統朝においては優遇されている。したがって、優遇の理由は壬申の乱における功績以外の功績を、持統女帝によって認められた結果であった可能性がある。

　尾張大隅の壬申の乱における功績以外の功績について、『日本書紀』には記されていない。記されていないということは、記せない事情がある功績であり、隠蔽しておくべき功績であったのであろう。

　その隠蔽しておくべき功績とは、天武朝に対する怨念に基づいた反抗だったのではなかろうか。具体的には、冷遇された天武朝の正当性を否定する企てに、尾張大隅が草薙剣の霊験を発揚する形で協力した功績であったと推察される。

このような功績は『日本書紀』には記すことができない。また、天武朝の正当性が否定され、その後に政権を継承した人物にとっては上功に該当する功績である。そして、天武朝の継承者は草壁皇太子と鸕野皇后（後の持統女帝）であり、天武の後継構想を否定する策謀の首謀者もまた鸕野であった。

細谷藤策「倭健命のモデルとその悲劇性」（『東アジアの古代文化』第八一号所収・大和書房）は、ヤマトタケル神話の原形に尾張氏・小子部氏の伝承が関わりをもち、ヤマトタケルの死には天武天皇との関連が深いとし、

天皇の病因が草那芸剱にあるということは尾張氏の祟りであり、壬申の乱において尾張氏・小子部を伊吹山の神に対する〈祈ひ〉のもとに利用しながら、同時に彼等を疎外したが故の祟りであったとみるべきであろう。


とし、「草薙剣の祟り」は「尾張氏の祟り」であったと見ている。ヤマトタケル神話を通した尾張氏の怨念は間接的だが、「草薙剣の祟り」を通した怨念は直接的である。

「草薙剣の祟り」について細谷藤策氏（前掲書）は、

（図８）　尾張大隅と天武天皇の病因占い

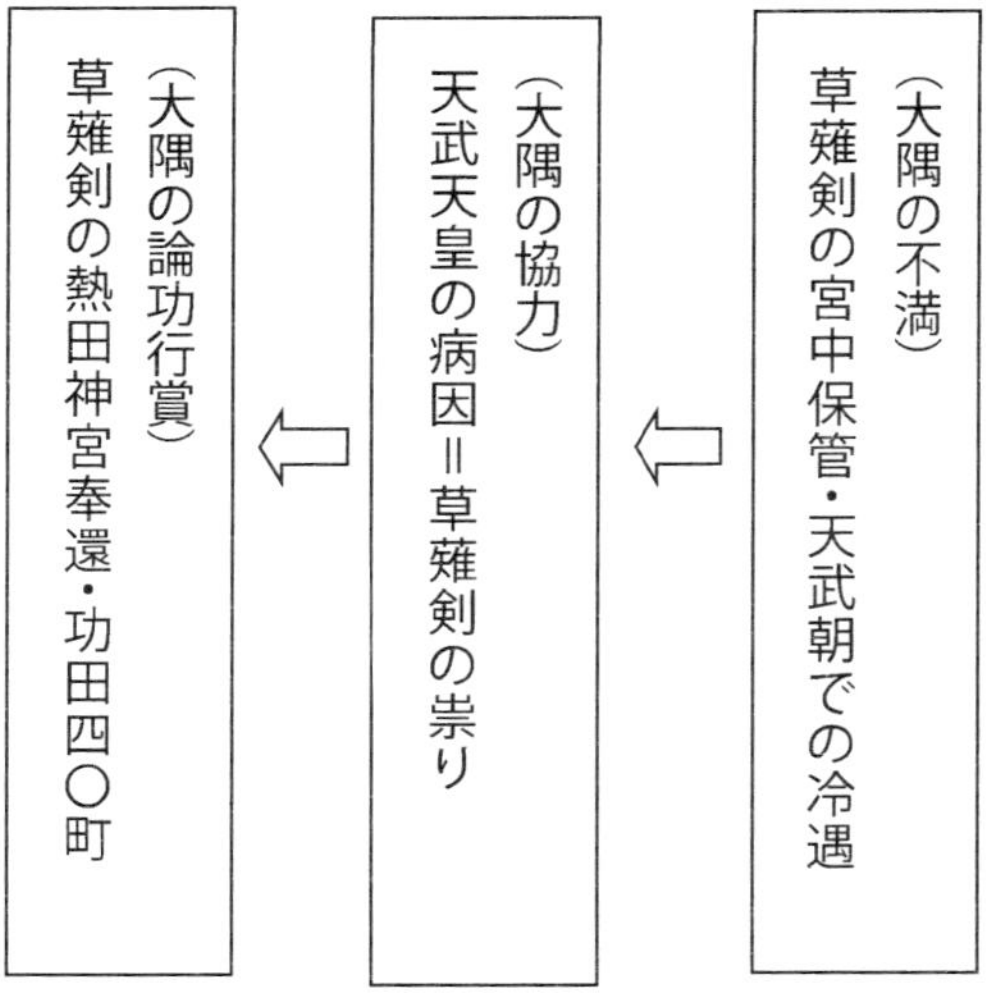

壬申の乱における尾張氏・小子部の処遇に対する悔悛やうしろめたさが、一人の大臣をも置かずに新しい国家体制の確立に邁進してきた、剛腕ともいうべき孤独の王者天武天皇の心底に潜んでいたものが、病重くして草那芸劔の祟りとして浮上してきたものであろう。

と推測している。

しかし、「草薙剣の祟り」という占いの結果は、天武の心底から浮上してきたと見るより、祟りを演出することによって衆人の猜疑心を扇動し、天武の後継構想を否定しようとする人物により、意図的に導き出されたと考えられる。

尾張大隅の表面に出せない功績を推測し得るできごとは、天武の病因占いであり、「草薙剣の祟り」を導き出した策謀の考案と実行における功績であったと推察される。この占いにおける功績は具体的に表彰することができないため、壬申の乱の功績に重複させる形で、持統女帝によって授与されたのであろう。(前頁、図8)

第四章　草薙剣の祟りと物部麻呂

一　麻呂の改姓の疑問点

麻呂の本来の本宗氏名は「物部」だが、『日本書紀』六八六（朱鳥元）年九月二十八日には、「石上麻呂」として天武天皇の殯《もがり》の場に登場する。

麻呂によって伝統ある「物部」から「石上」に本宗氏名が改姓されたわけだが、この改姓の要因について、志田諄一「物部氏について」（『東アジアの古代文化』第七二号所収・大和書房）は、

物部氏が伝統ある氏の名を改めたのは、儒教的教養主義が官人の間に広まり死者の霊（鬼神）などを扱う「物部」という氏の名が敬遠されたのであろう。それは天応元年（七八一）六月に遠江介従五位下土師宿禰古人らが、

祖業を観るに吉凶相半して、其の諱辰に凶を掌り、祭日に吉に預るが若し、此くの如く供奉して充に通途に合へり。今は則ち然らず、専ら凶儀に預る。祖業を専念するに、意茲にあらず。

として、居地の名により土師を改め、菅原の姓を賜ったのに似ている（『続日本紀』）。「鬼神を敬して、之を遠ざく」とか「怪、力、乱、神を語らず」という『論語』の思想が、官人の死者や死者の霊に対する考え方を少しずつ変化させていたのである。

と指摘している。

志田諄一氏は「儒教的教養主義が官人の間に広まり、死者の霊（鬼神）などを扱う「物部」という氏の名が敬遠された」ために、麻呂は「物部」から「石上」に改姓したとする。

しかし、この指摘は首肯できない。なぜならば、「凶儀」のみにたずさわることを忌避しようとした土師氏が、「菅原」への改姓を情願した七八一（天応元）年とほぼ同時代の七七五（宝亀六）年、敬遠したはずの死者の霊（鬼神）などを扱う「物部」に復することを、麻呂の孫の石上宅嗣が情願し、認可されているからである。

したがって、物部麻呂が「石上」へと本宗氏名を改姓した背景には、「儒教的教養主義の広まり」とは異なる理由が存在したと考えねばならない。

亀井輝一郎「物部氏の興亡と北部九州」（『東アジアの古代文化』第一一一号所収・大和書房）は、

このように麻呂こそは物部連中興の祖といってよい。石上は令制以前の物部氏がその祭祀に与った石上神宮に関わる地名であり、それを氏の名としたのである。（中略）大王（天皇）を守衛することやフツノミタマ祭祀といった曾ての大連にみられる物部連の伝統を、このように一方では再生物部氏は拠り所とし、主張したのである。

とし、「物部」から「石上」への改姓の要因を、「曾ての大連にみられる物部連の伝統を拠り所とし、主張した」ためであったと指摘する。

しかし、そうであったならば、孫の石上宅嗣が再び「物部」に復することを情願した説明がつかない。また、宅嗣はその後、再び「物部」から「石上」に改姓しているのだが、この再改姓についても同様に説明が困難である。

更に、「曾ての大連にみられる物部連の伝統を拠り所とし、主張した」ためであったとするならば、他の物部氏一族の人々も「石上」を称してもよいのだが、そのような例は見られない。むしろ「物部」を固持しているのだから、この指摘には問題がある。

青木和夫「律令国家の権力構造」(『日本歴史3(古代3)』所収・岩波書店)は、

他方では氏姓組織の解体も進められていた。大化前後から七世紀後半を通じて目立つ複姓はその氷山の一角である。複姓とは蘇我氏ならば蘇我石川、蘇我田口など、安倍氏は安倍引田、安倍布勢、安倍他田など、物部氏は石上のほか、物部朴井、中臣氏は藤原のほか中臣幡織田、等々と、古来の氏にふつうは地名を添えて、氏の中で自分の属する家を名乗る仕方であるが、(中略)しかし官僚組織がほぼ完成して氏姓がもはや力弱いものとなれば、どのような氏を名乗ろうと問題ではなくなるから、八世紀に入ると複姓は消滅して、本来の氏か新たな家かのどちらかを名乗ることになる。

とし、「物部」から「石上」への本宗氏名の改姓を「氏姓組織の解体」における複姓の一例としてとらえている。

しかし、青木和夫氏の指摘にしたがえば、複姓は古来の本宗氏名「物部」に地名「石上」を添えた「物部石上」が「ふつう」であり、「物部」から「石上」のように、伝統ある本宗氏名そのものを改姓することは「ふつう」ではなく「異例」である。

複姓については、直木孝次郎「複姓の研究」(『日本古代国家の構造』所収・青木書店)、加藤謙吉「複姓成立に関する一考察」(『大和政権と古代氏族』所収・吉川弘文館)などの研究があるが、青木和夫氏同様に、「物部」から「石上」への本宗氏名の改姓を氏姓組織の構造的変化における複姓の一例としてとらえている。

例えば、加藤謙吉「複姓成立に関する一考察」は、

そしてこのようにみてくると、単に安倍氏に限らず、当時の中央氏族の多くが、広狭二重の氏族構造によって成り立っていたのではないかとの推定に導かれる。(中略)たとえば物部氏の場合、天武五年に朴(榎)井連雄君が、死に際して物部氏の氏上となった。これは直木孝次郎氏が説かれたように、傍系の朴井氏が、物部一族内部における一定の家柄を保証されたことを意味するものである。一方、物部連の本姓を称するものに、後に石上に改名する物部連麻呂があり、この石上、朴井

の二系統が中心となって、物部氏は朝臣に改姓する。そしてその後は、それぞれ石上、朴井のウジを名のりながら、この両氏が物部氏族団を代表してゆくのである。

とする。

しかしながら、「当時の中央氏族の多くが、広狭二重の氏族構造によって成り立っていた」ための複姓であったとしても、「物部」から「石上」への本宗氏名そのものの改姓は、古来からの「物部一族内部における一定の家柄を保証された」傍系の物部朴井などの複姓とは異なる。

篠川賢「物部氏の成立」(『東アジアの古代文化』第九五号所収・大和書房)は、

また、「物部」の名に関しては、複姓の形をとるものが多いという特徴も指摘できる。しかも物部の場合、物部が上にくる形(第一形式)と、下にくる形(第二形式)の双方が、それぞれ相当数存在している。

とし、第一形式の例として、物部伊勢・物部朴井などを、第二形式として、阿刀物部《あとものべ》・来目物部《くめものべ》などを提示している。

そして、第一形式は物部氏と同族的系譜関係のものが多く、第二形式は下級官人的氏族であったと説く直木孝次郎氏の見解を「妥当な見解と言うべきだろう」とする。ただ、「物部」から「石上」への本宗氏名そのものの改姓について篠川賢氏はふれていない。

このように、複姓についての考察は諸説あるのだが、麻呂による「物部」から「石上」への本宗氏名そのものの改姓を、「氏姓組織の解体における複姓の一例」としてとらえる見解は首肯できない。

前にもふれたが、本宗氏族である麻呂が「物部」から「石上」へと本宗氏名を改姓したにもかかわらず、他の物部の人々は物部朴井連などに見られるように、「石上」を複姓として使用せず「物部」をそのまま使用している。

「中臣」と「藤原」の場合は「中臣大嶋」が「藤原大嶋」と記されている例があり、青木和夫氏（前掲書）は「藤原氏は天智朝末期から中臣藤原連、天武八姓後は持統朝を通じて中臣藤原朝臣という複姓を称していた」と推測している。

一族の人々が賛同できる改姓であるならば、「藤原」のように複姓として用いてよいはずだが、物部氏一族の場合は「石上」を使用せずに伝統ある「物部」を使用している。

『日本歴史大事典』（河出書房新社）は、

物部氏はこの改姓を喜ばなかったものとみえ、改姓は本宗にかぎられ、氏人や旧部民の有力者には依然物部姓を名のるものが多かった。

と記し、麻呂による改姓が他の物部氏一族の人々には許容されなかったことを指摘している。

「中臣」から「藤原」への改姓を許された不比等の場合は、青木和夫氏（前掲書）が指摘しているように、

かつて鎌足がその死に際して天智天皇から藤原という氏を賜ったとき（『日本書紀』天智八年十月庚申条）、その賜姓の範囲は少なくとも従兄弟の家にまで及んだようで、従兄弟の子の大嶋も天武持統朝ではしばしば藤原大嶋と名乗っている。しかし天武八姓で朝臣姓を賜与された際には一族みな中臣連とよばれているので、藤原氏は天智朝末期から中臣藤原連、天武八姓後は持統朝を通じて中臣藤原朝臣という複姓を称していたことが推測できるのであるが、文武朝にいたって鎌足の子不比等が一族を代表するようになると、藤原朝臣の称は不比等の家に限定され、再従兄弟の意美麻呂ら他の家々は中臣朝臣に戻ることになった（『続日本紀』文武二年八月丙午条）。

と考えられるから、本宗氏名である「中臣」そのものを廃し、はじめから「藤原」へと改姓したわけではない。また、「中臣」と「藤原」の場合は一時的に複姓の例が見られるものの、改姓の背景には不比等の意図が読みとれる。

高島正人氏（前掲書）は『続日本紀』六九八（文武二）年八月十九日の詔、

藤原朝臣鎌足に賜わった姓は、その子の不比等に継承させる。ただ、意美麻呂（鎌足のいとこ中臣国足の子）は氏族本来の神祇のことを掌っているから、藤原朝臣の姓から旧姓の中臣にもどすべきである。

について、

この詔の背景には、不比等の深謀遠慮をかいまみることができる。本来中臣氏は五、六世紀以降、神祇祭祀氏族として朝廷に仕えた。鎌足は政治に志を立てて祭祀の職務を余人に譲ったが、不比等も父鎌足にならって政治に志を立て、祭祀供奉の職業的任務からの解放、国政審議氏族としての確立を願ったのであろう。

その結果、不比等は傍系親族を本姓の中臣氏に戻して神事奉祭にあたらせ、新しい藤原朝臣氏を国政審議氏族として、その地位を確立するという妙案に到達したのである。詔がわざわざ「神事に供するによって……旧姓に復すべし」と異例の理由を述べたのは、このことを証しよう。

とし、不比等の意図は神事を専業とする「中臣」と、国政の審議を担当する新たな本宗氏名としての「藤原」の設立を目指した点にあったと指摘している。

これに比べ麻呂の場合は、突如として「物部」から「石上」へと本宗氏名そのものを改姓しているのであるから、他の複姓の事例と同一に考えることには問題があり、また、「中臣」と「藤原」の場合とも異なる事例であったと言える。

更に、不比等の例から個人的な意図に基づいた改姓はあり得ることであり、麻呂の改姓についても考慮すべきである。麻呂の場合は物部氏一族の人々が賛同しないにもかかわらず、本宗氏名を「物部」から「石上」に改姓している。したがって、この改姓の背景には他の物部氏一族には関わりをもたない、麻呂の個人的な意図が存在していた可能性が高い。

それでは、どのような理由で麻呂は伝統ある「物部」を、「石上」に改姓したのであろうか。また、孫の宅嗣が「石上」から「物部」に復することを情願して許されたにもかかわらず、更に再び「物部」から「石上」に改姓したのはなぜなのだろうか。

そこで第四章では、「物部麻呂」として「朝臣」を賜姓された六八四（天武十三）年十一月から、「石上麻呂」として初めて確認できる六八六（朱鳥元）年九月までの政治情勢を通して、「物部」から「石上」へ本宗氏名を改姓した麻呂の意図について考察する。また、この課題を解決することにより、孫の宅嗣が「物部」に復することを情願した理由、および、再び「物部」から「石上」に改姓した理由についても明らかにすることができると考える。

二　麻呂の昇進の疑問点

『日本書紀』六七二（天武元）年七月二十三日には、

こうして、大友皇子は逃げ入るところがなくなった。そこで引き返して山前《やまさき》（大津市長等山の前。あるいは京都府乙訓郡大山崎等諸説あり）に身を隠し、自ら首をくって死んだ。左右の大臣や群臣は、みな散り逃げた。ただ物部連麻呂と、一、二の舎人だけが皇子にしたがっていた。

と記され、物部麻呂は壬申の乱において近江朝廷の従臣として登場し、天智天皇の後継者であった大友皇子に、一～二の舎人とともに最後までしたがった人物として記されている。

その後、物部麻呂は近江朝廷の従臣でありながら、壬申の乱後の天武朝においてめざましい昇進を遂げている。六七六（天武五）年十月十日には、「大乙上《だいいつじょう》物部連麻呂を大使とし、大乙中山背直《やましろあたい》百足《ももたり》を小使として、新羅に遣わされた」とあり、「大乙上」は後の「正八位上」にあたる。

次に、六八一（天武十）年十二月二十九日には、「田中臣鍛師《たなかのおおみかぬち》・柿本臣猿《かきのもとのおみさる》・田部連国忍《たべのむらじくにおし》・高向臣麻呂《たかむこのおみまろ》・粟田臣真人《あわたのおみまひと》・物部連麻呂・中臣連大嶋・曾禰連韓犬《そねのむらじからいぬ》・書直智徳《ふみのあたいちとこ》ら合わせて十人（舎人造糠虫《とねりのみやつこかすむし》は少し遅れて）に、小錦下《しょうきんげ》を授けられた」とあり、「小錦下」は後の「従五位下」である。麻呂は天武朝の五年間で「大乙上」から「小錦下」まで、実に七段階の昇進を遂げている。

更に六八四(天武十三)年十一月二日には「八色《やくさ》の姓《かばね》」の第二位にあたる「朝臣」を賜姓《しせい》されている。「八色の姓」では「真人」が最高位だが、天皇一族のみに限られているから、人臣としては麻呂らが賜姓された「朝臣」が最高位である。

近江朝廷の従臣でありながら、このようにめざましい昇進を遂げている要因について、遠山美都男『壬申の乱』(中公新書)は、

> 麻呂の属する物部氏は刑罰の執行と死者の鎮魂をいわば家業としてきたのである。(中略) 彼が大友の死を見届けることになったのは、麻呂が継承した物部の家業のゆえにほかならなかったと思われる。みずから命を絶った大友皇子の首と胴体は、おそらく物部氏伝来の作法にしたがい切り離されたのであろう。
>
> 麻呂はその家業のゆえに大友皇子の最後に立ち会ったのだが、皮肉なことに勝者たちは麻呂を比類のない忠節者と見立て、彼に惜しみない賞賛の拍手をおくった。内乱の終息後、早くも麻呂の出世がはじまった。それはあたかも、麻呂の忠節を称え、彼を出世させることが大友皇子への鎮魂・贖罪になると錯覚しているかのようですらあった。

と指摘する。

麻呂の出世の要因は、物部氏の家業のゆえに大友の最後に立ち会い、そのために天武が麻呂を比類のない忠節者と見立て、惜しみない賞賛の拍手をおくり、出世が始まったと見る。

大塚泰二郎「左大臣物部麻呂と壬申の乱」(『東アジアの古代文化』第四一号所収・大和書房)は、

麻呂はもともと大友皇子の従者であり、天武朝からみれば敵方の人間である。それが、壬申の功臣を尻目に、かくも異常な出世をしたのはなぜか。答えは一つしかない。

大友皇子は自害したのではない。麻呂が、敗戦の混乱にじょうじて殺害し、首級を大海人軍にさしだしたのである。一〜二の舎人というのも、麻呂の手下だろう。麻呂が恩賞めあてに大友を殺したのか、はじめから大海人の内応者だったのか。確証はないがおそらく後者だろう。


と指摘する。

天武朝において麻呂が異常な出世を遂げた要因は、はじめから大海人の内応者であり、大友の首級を大海人軍に差し出したからだという見解である。

高島正人『奈良時代諸氏族の研究』(吉川弘文館)は、①大化前代より継承した物部氏の勢威と職掌のため、②壬申の乱に際し大友の側近に侍したといっても年齢三十三歳舎人クラスでその地位がきわめて低く、政務を決するにある意味では責任のない地位であったため、③おなじ物部氏一族の朴《え》井《いの》連《むらじ》雄《お》君《きみ》の活躍があったためとし、雄君は、

天武天皇の舎人で、壬申の乱の原因となった変事をいち早く天皇につげ壬申の乱の勝利、ひいては天武天皇即位の契機をつくった人物であった（書紀、天武元年是月条）。天武五年六月病を発して卒した（書紀、同月条）が、天武がこの功多とし殊功として心に留めていたことは、その卒去に際して内大紫位を贈り氏上を賜うた（書紀、同月条）ことによっても推察できよう。（中略）麻呂の昇叙はこの雄君の存在とその卒去に深いかかわりのあることを痛感する。雄君がもしこの後長寿を全うしたとすれば、その出自と殊功とから生前において立身を遂げ高位に昇り高官に任じたであろうことは容易に想像されるところである。しかし天武五年という早い年次において卒したことは、物部氏一族の次代を背負う人物として石上麻呂が登用される機縁となったと思う。

と指摘する。

このように、天武朝における物部麻呂のめざましい（異常な）昇進の要因については様々な見解が示されており、未だに解決されていない課題である。

ただ、高島正人氏の見解には問題がある。なぜならば、壬申の乱で功績をたて、「物部」の氏上を下

賜された朴井雄君の卒去後に、麻呂が物部一族の次代を担う人物として天武に認められたことが、天武朝におけるめざましい（異常な）昇進を遂げた理由であったとするならば、麻呂は物部一族を任された人物として伝統ある「物部」を尊重し保守すべきであり、「石上」に改姓することを願い出るとは考えられない。また、願い出たとしても許されるということは不自然だからである。

更に、麻呂が物部氏一族の次代を担う人物と認められ、「物部」から「石上」に改姓したとするならば、他の物部氏一族の人々も麻呂にならって「石上」を使用すると考えられるのだが、そのような例は見られないからでもある。

麻呂はその後の持統朝においても厚い信頼を獲得し、六八九（持統三）年九月に筑紫に派遣された後、六九〇（持統四）年一月一日には、

物部麻呂朝臣は大楯《おおだて》をたて、神祇伯中臣大嶋朝臣《かんづかさのかみなかとみのおおしまのあそん》は天つ神の寿詞《よごと》を読みあげた。終わって忌部《いんべの》宿禰色夫知《すくねしこぶち》が神璽の剣・鏡を皇后にたてまつり、皇后は皇位に即《つ》かれた。

とあり、持統女帝の即位式において大楯を立てるという大役を任されている。ここでは「物部麻呂」と記されているが、高島正人氏（前掲書）は、

（図９）物部麻呂の昇進

年・月	叙位任官
持統女帝 10(696) 年 10 月	直広壱（正四位下）
文武天皇　4 (700) 年 10 月	筑紫総領
大宝元(701) 年　3　月	直広壱・中納言から 正三位・大納言
同 2(702) 年　8　月	太宰帥
慶雲元(704) 年　正 月	従二位・大納言から右大臣
和銅元 (708) 年　正 月	正二位
同　年 3　月	左大臣
同 3(710) 年　3　月	藤原京留守司
養老元(717) 年　3　月	薨去・従一位（追贈）

従って、持統四年正月戊寅条の物部麻呂朝臣、中臣大嶋朝臣の記載は即位式に大楯を樹て、天神寿詞を読む古来からの職掌氏族名に則って物部・中臣という本姓で記されたもので、それ以前すでに麻呂が石上氏を大嶋が藤原氏を称していたことをさまたげるものではない。

と記す。

「日本古典文学大系」（岩波書店）頭注も、

石上氏もこの即位式のような伝統的行事に奉仕するときには、名負氏《なおひのうぢ》として物部と名乗る。下文の中臣（藤原）大嶋も同じ。

と解説している。

その後の持統・文武・元明・元正朝における叙位任官においても、麻呂は順調な昇進を遂げている。（前頁、図9）七〇八（和銅元）年三月には左大臣に任命され、この時点で麻呂は当時においては人臣として最高の地位につくことになった。

物部氏としては五八七（用明二）年、物部守屋が蘇我馬子と争って没落して以来、ようやく復興が成し遂げられたかに見える。しかし、麻呂は六八六（朱鳥元）年九月二十八日の段階で、伝統ある「物部」から「石上」へ本宗氏名を改姓しているから、真の意味で「物部」としての復興とは言えない。

そして、忠節者としての賞賛なのか、内応者としての褒賞なのか、ここではどちらとも言えない面もあるが、天武朝における麻呂のめざましい、異常な昇進には、「大友皇子の死」が起因していることは明確である。そのため、麻呂の改姓の意図について考察する場合においても、「大友皇子の死」が留意すべき点であることを指摘しておきたい。

三　麻呂の改姓の意図

麻呂が「物部麻呂」として「朝臣」を賜姓された六八四（天武十三）年十一月から、「石上麻呂」として初めて確認できる六八六（朱鳥元）年九月までの政治情勢の中で、最も注目されるできごとは天武天皇の崩御である。

天武の崩御前は「物部麻呂」であり、「石上麻呂」としての初見は天武の殯《もがり》においてであるから、麻呂による本宗氏名改姓の要因は、天武の崩御と何らかの関わりがあると推測される。

六八五（天武十四）年九月二十四日には天武が病気を再発し、六八六（朱鳥元）年六月十日には病因占いがおこなわれた。同年七月十五日には政権担当の全権が鸕野皇后および草壁皇太子に委譲され、同年九月九日、ついに天武は崩御する。

このような情勢の中で、麻呂は突然として「物部」から「石上」へ伝統ある本宗氏名を改姓している。『日本書紀』六八六（朱鳥元）年九月二十八日には、

この日、直大参布勢朝臣御主人《ふせのあそんみぬし》が大政官の事を誄《しのびごと》した。次に直広参石上朝臣麻呂が法官のことを誄した。

とある。高島正人氏（前掲書）は、

物部氏の本宗が石上氏を称したことについて、太田亮氏は「こは物部氏の氏神石上坐布留御魂神社の所在地山辺郡石上郷てふ地名を負へるなり」と述べられている（『姓氏家系辞書』一四一頁）が、けだし穏当な解釈であろう。あえて蛇足を加えれば、同地はまた物部＝石上氏の本貫であったことによるであろう。

と指摘する。「日本古典文学大系」（岩波書店）頭注も、

ここは石上朝臣としての初見であるが　改姓の年時は不詳。石上の名は物部氏の本拠地で同氏が祭祀にあたっていた石上神宮の名による。

と記している。

物部氏の氏神である石上神宮が鎮座し、本貫・本拠の地が「石上」であるため、「物部」から「石上」に改姓したとの解釈である。しかし、これでは麻呂による唐突な改姓の必要性が不明であり、なぜ改姓しなければならなかったかという説明がつかない。

そこで、改姓の必要性を考察する場合、注目すべき冥界的要因として「天武の病因占い」を指摘したい。この病因占いには天武の後継問題と関連して、その背景には鵜野皇后を中心とした人々による政治的な思惑が存在した。この点については第三章（三）（四）において論述したところだが、要点のみ確認しておく。

六八六（朱鳥元）年六月十日におこなわれた天武の病因占いでは、「草薙剣の祟り」が病因であると占い出された。西嶋定生氏の指摘によれば、武力によって近江朝を滅亡させた天武が正当な天皇であることを示し、それを後代に継承させるために、宮中に保持されていた草薙剣を漢王朝の斬蛇剣に擬して、これを神霊の宝剣とする意義づけがおこなわれていた。

また、福永光司氏の指摘によれば、道教思想に通じていた天武は「剣を皇帝権力の神聖性の象徴とする道教的思想信仰」を熟知していたと考えられ、自らを漢の高祖に擬していた天武は「漢の王朝の創始者・高祖劉邦の斬蛇剣の神話」も認識していたとされる。

このように、天武は漢の高祖の皇位継承の象徴である斬蛇剣に擬す剣として草薙剣に着目し、自らの政権の正当性を示す神剣としての意義をもたせようとした。

漢王朝では、高祖が白蛇を斬ったという斬蛇剣が即位儀礼において伝授される宝器の一つとされた。高祖が斬った白蛇は蛇に化した白帝の子であり、白帝の子を赤帝の子が斬ったことは『史記』や『漢書』などに記されている。

（図 10）草薙剣のレガリア構想

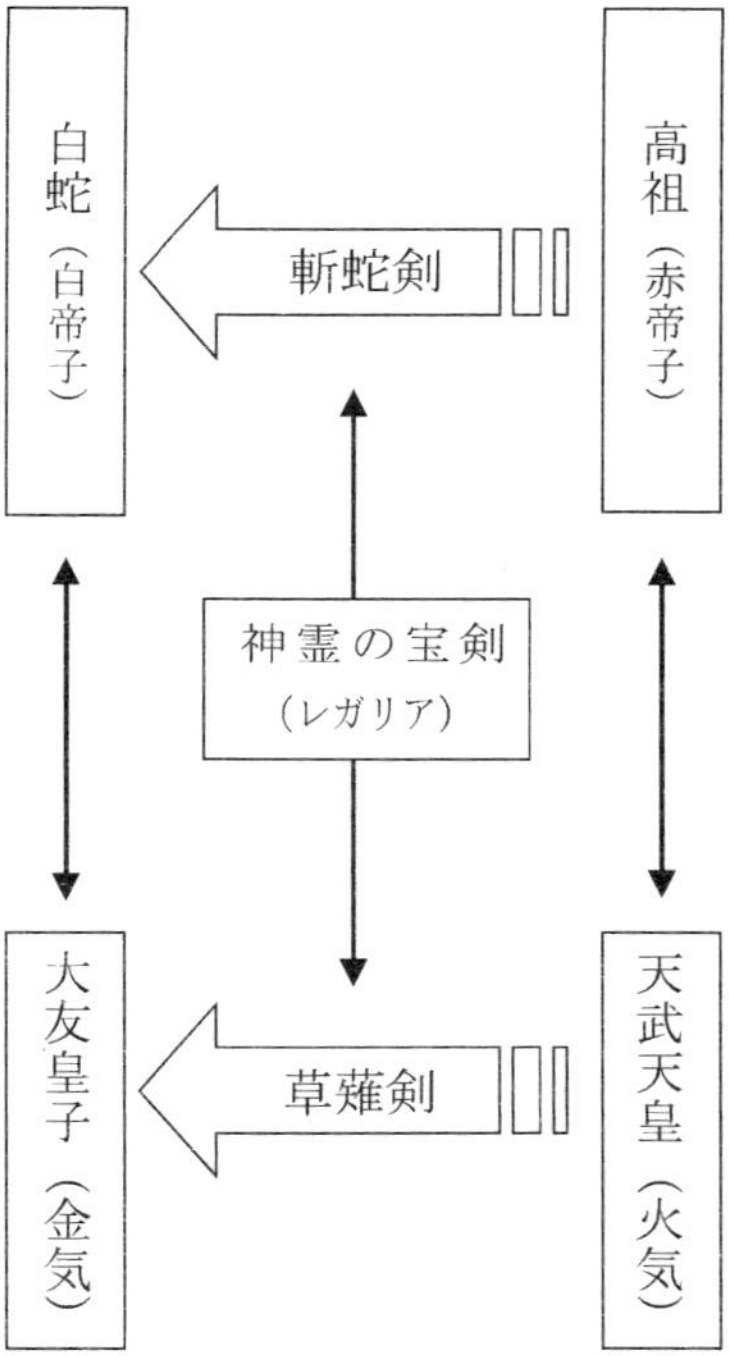

天武は自らを漢の高祖に擬したが、その高祖が赤帝の子とされたのだから、天武もまた赤帝の子となる。すると、赤帝の子に斬られた白蛇（白帝の子）は、壬申の乱において自害した大友皇子にあたる。そして、白蛇（白帝の子）を斬った斬蛇剣に擬されたのが草薙剣なのだから、天武の病因と占い出された「草薙剣の祟り」とは、白帝の子にあたる「大友皇子の祟り」と重複することになる。（図10）

大友は天智の後継者と決定されていたが、壬申の乱により自害し、その死霊が怨霊となって天武に依り憑いたことになる。だが、病因占いが実施されるまでの天武の事績には、大友の祟りを意識し、その鎮魂と除災を目的とした呪的行為は見られない。

ところが、重篤の身となって意識も混濁し、生命力が萎えた時点において、病因が「草薙剣の祟り」、すなわち「大友皇子の祟り」と占い出されたならば、自らの政権・政策に対して懐疑心を生じざるを得なかったであろう。

この病因占いの結果、それまで天武朝の正当性を示す「神霊の宝剣」とされた草薙剣は、天武に禍をもたらす大友の「怨霊の邪剣」へと変容させられたわけである。そして、「草薙剣の祟り」が「大友皇子の祟り」と重複するならば、天武以上に衝撃を受けたのは物部麻呂であろう。

『日本書紀』によれば、大友が自害した三日後の七月二十六日には、

将軍たちは不破宮に向った。大友皇子の頭を捧げて、天皇の軍営の前にたてまつった。

とある。このことから、「みずから命を絶った大友皇子の首と胴体は、おそらく物部氏伝来の作法にしたがい切り離されたのであろう」という見解や、はじめから天武の内応者であった麻呂が、「敗戦の混乱にじょうじて殺害し、首級を大海人軍に差し出したのである」という見解などが示されることになった。

麻呂の本宗氏名である「物部」について『国史大辞典』（吉川弘文館）は、

物部の物は、精霊・霊魂などを意味する物（魂）と考えられており、おもに軍事・警察や刑罰、および神事をつかさどる。

と記している。

また、前掲した遠山美都男氏が記すように、「物部」は「刑罰の執行と死者の鎮魂をいわば家業としてきた」氏であり、志田諄一氏も「死者の霊（鬼神）などを扱う「物部」という氏の名」と記している。その他、物部氏の「モノ」は大物主神の「モノ」、「物の化」の「モノ」と同類であり、本質が死者の霊をあらわす言葉であるという。このように、「物部」の家業は伝統的に死者の霊と関わりをもっていたのであり、麻呂は伝統的に死者の霊を鎮魂する職掌の継承者であった。

「刑罰の執行と死者の鎮魂をいわば家業としてきた」麻呂によって、「物部氏伝来の作法にしたがい切り離された」のであるならば、大友の死霊の鎮魂も「物部氏伝来の作法」でおこなわれたはずである。それにもかかわらず、「草薙剣の祟り＝大友皇子の祟り」が占い出されたのだから、次は「物部氏伝来の作法」以上の呪的行為が必要となる。

一方、近江朝廷の従臣でありながら、はじめから天武に内応し、「敗戦の混乱にじょうじて殺害し、首級を大海人軍にさしだしたのである」ならば、これは明らかに謀反であり、大友の死は麻呂に対して激しい怨念をいだきながらの憤死だったと言える。この場合も病因占いの結果は、麻呂にとって大きな衝撃であり、当然、忌避のための呪的行為が必要となる。

そこで、「大友皇子の祟り」と麻呂による本宗氏名改姓との関連についてだが、両者に関連が認められるならば、麻呂による本宗氏名改姓の意図と時期が明らかになってくる。

麻呂が本宗氏名の改姓を願い出た「石上」は、物部氏の本拠地である奈良県天理市布留に鎮座する石上神宮に由来する。『古語拾遺』には石上神宮に奉祭されている霊剣について、

天十握剣《あまのとつかのつるぎ》は、その名を天羽羽斬《あまのはははきり》という。今は石上神宮にある。古語で大蛇《おろち》のことを羽羽《はは》という。

と記している（『神典』（三省堂）所収『古語拾遺』より）。この「天羽羽斬」について『日本書紀』神代第八段「第四の一書」には「天蠅斫剣《あまのははきりのつるぎ》」とあり、神代第八段「本文」では、

時に素戔嗚尊《すさのおのみこと》、所持していた天蠅斫剣をぬいて、その大蛇を斬る。尾にいたって剣の刃が少しかけた。そこで、その尾をきりさいて見ると、中に一本の神々しい剣があった。素戔嗚尊は「これは私用すべき剣ではない」といい、五世の孫の天之葺根神《あまのふきねのかみ》を使者として天上の神に奉った。今、これを

草薙剣という。

とある。

このように、天武の病因とされた草薙剣と関わりをもつ天十握剣が、麻呂が改姓した「石上」と関わりをもつ石上神宮に奉祭されている。

石上神宮と物部氏の結びつきについては、『日本書紀』垂仁天皇八七年二月五日に、

五十瓊敷命《いにしきのみこと》が妹の大中姫《おおなかつひめ》に言うには、「私は老いた。神宝を掌ることができない。今より以後は、必ずあなたが掌れ」といった。大中姫は辞退して、「私は手力が弱い女です。どうしてよく天神庫《あめのほくら》に登れましょう」と答えた。（中略）そうしてついに大中姫命は物部十千根大連《もののべのとうちねのおおむらじ》に授けて治めさせることになった。そのため、物部連らが今にいたるまで、石上神宮の神宝を管理するのは、このような縁なのだ。

とあり、古くから物部氏と石上神宮との結びつきがあったことを示している。

草薙剣と関わりをもつ天十握剣を奉祭する石上神宮と物部氏が古くから結びつきがあったことは、「草薙剣の祟り」と麻呂の「石上」改姓とを考察する場合、たいへん興味深い。

（図 11）物部麻呂の呪的改姓の意図

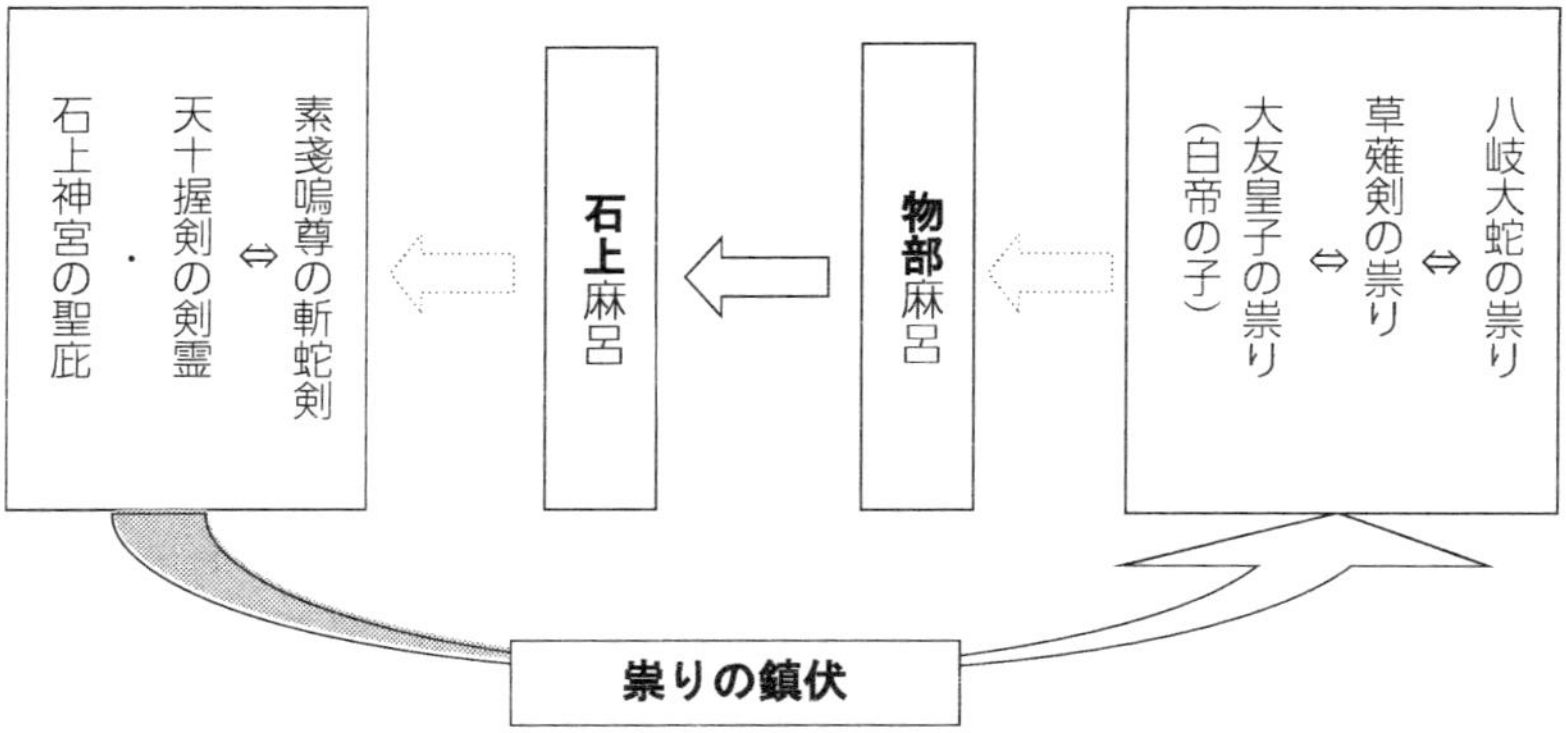

注目点①は、石上神宮に奉祭されている天十握剣である。第三章（一）で論述したように、草薙剣は八岐大蛇の尾（身体）から生じた剣であるから、草薙剣と八岐大蛇は本来同体であり、正確には「草薙剣＝蛇剣」である。そして八岐大蛇を斬った剣は素戔嗚尊が所持していた天十握剣であるから、この天十握剣こそが真の「斬蛇剣」と言える。

この天十握剣の剣霊を奉祭するのが石上神宮であるから、「草薙剣の祟り＝八岐大蛇の祟り＝大友皇子の祟り」を断ち斬るためには、石上神宮に奉祭されている天十握剣＝布都斯魂大神に頼らざるを得ないことになる。（図11）

注目点②は、石上神宮が本来的にもつ「聖庇《せいひ》」の特徴である。石上神宮の聖庇機能と物部氏との関係について本位田菊士「物部氏と石上神宮」（『古代日本人の信仰と祭祀』所収・大和書房）は、

物部氏の決罰・罪人の警固の任務はあきらかに卑職で

あったから、石上神宮に聖庇機能を認める以上、石上神宮の縁につながる「物部」が起源的に聖庇によって保護された神奴であった条件は多分にありうるとしなければならない。アジールの意義は、犯罪人や反社会的逃亡者が刑罰や復讐をまぬかれて保護される点にある。

と記している。

麻呂が物部氏の職掌を遂行した忠節者であっても、逆に、大友を殺害した謀反人であっても、「草薙剣の祟り＝大友皇子の祟り」を忌避するためには、「石上（の神奴《かみやっこ》の）麻呂」となることにより、石上神宮の聖庇機能に救済を求めたとも考えられる。

いずれにしても、物部氏は「物部」を本宗氏名として自負していたのであり、「物部」から「石上」への改姓は、麻呂の個人的な意図によっておこなわれたと推測する。同族の反対を押し切りながらも、「大友皇子の祟り」を呪力によって忌避するため、一時的に情願し、許可されたのである。したがって、麻呂による「石上」改姓の冥界的要因は、大友の死に対する滅罪の意識と、その祟りを忌避しようとする強い願望であったと言える。

四　宅嗣《やかつぐ》の改姓の意図

麻呂が「大友皇子の祟り」を忌避するために伝統ある本宗氏名を改姓したという私見によれば、麻呂の目的が達成できた時点で、本宗氏名は「石上」から「物部」に復することが可能となる。七一七（養老元）年三月三日、石上麻呂は七十八歳で薨去したが、七七五（宝亀六）年十二月二十五日、麻呂の孫である石上宅嗣は「物部」の本宗氏名に復することを情願し、光仁天皇によって許可されている。

天武天皇が壬申の乱に勝利し即位して以来、その後の天皇は女帝を除いて、すべて天武の嫡系によって継承されていた。しかし、聖武天皇の嫡子であった基王《もといおう》が夭逝し、第二皇子の安積《あさか》親王も十七歳で薨去したため、継承すべき皇子が不在となってしまった。

そこで、聖武と光明皇后の皇女、阿倍内親王が女子として初めて立太子し、七四九（天平勝宝元）年七月二日、即位して孝謙女帝となった。ところが、孝謙には皇子がなかったため、天武の皇孫である大炊王《おおいおう》（舎人皇子の七男）が淳仁天皇として践祚《せんそ》した。しかし、この淳仁は孝謙上皇によって短期間のうちに廃位されてしまい、孝謙が重祚して称徳女帝となる。その後、聖武の第一皇女である井上《いのえ》内親王の夫、白壁王《しらかべおう》が七七〇（神護景雲四）年十月一日、即位して光仁天皇となった。

（図 12） 光仁天皇と井上内親王の系譜

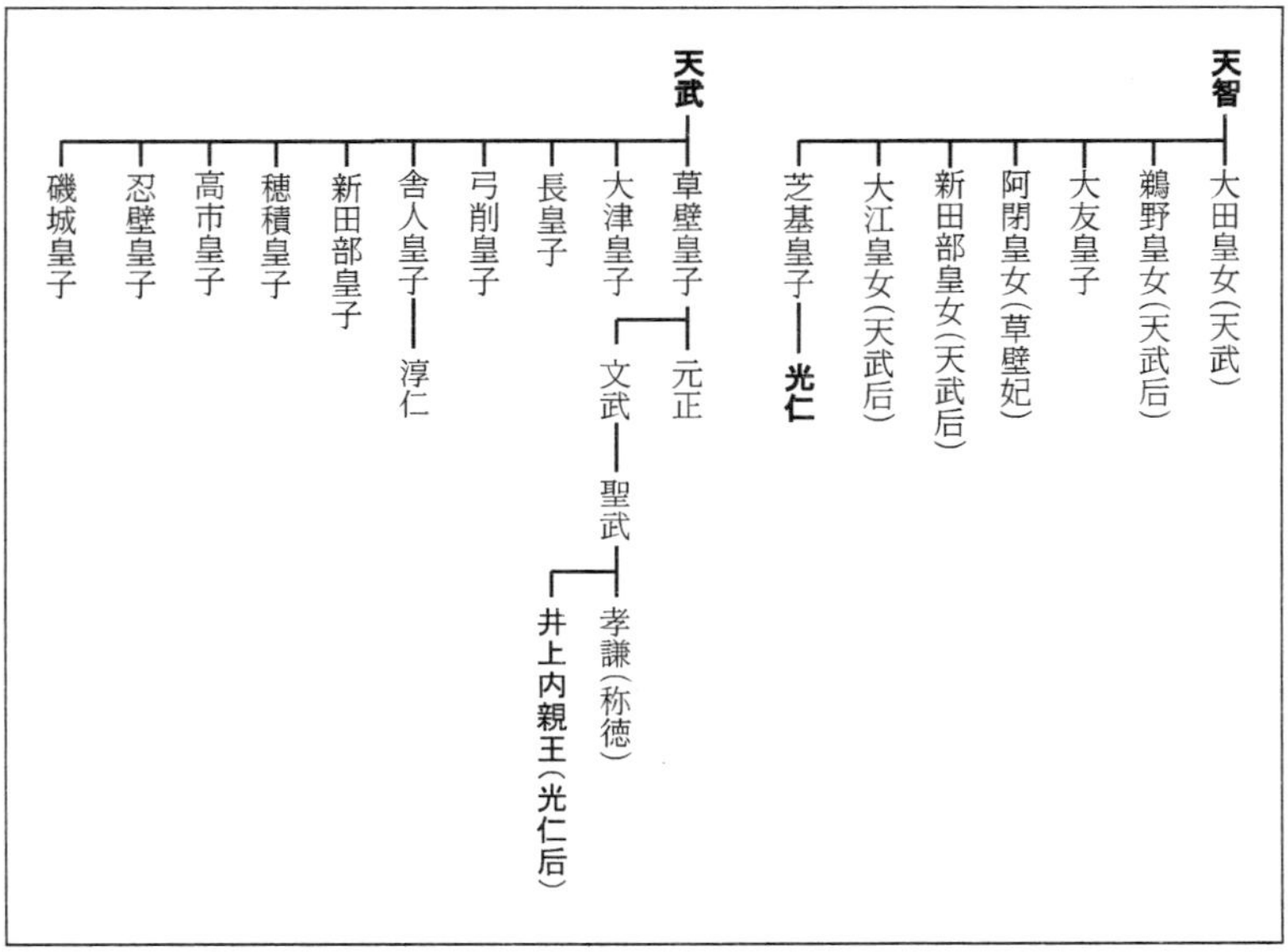

この光仁は天智天皇の皇孫のため、井上内親王を皇后、その子の他戸《おさど》親王を皇太子とし、天武系の母子が後継するという合意がなされた上での即位であった。このように、光仁が即位するまでには複雑な様相を呈したが、結果として天武の即位以来、およそ一世紀ぶりの天智系の天皇が誕生したわけである。（図12）

その後、七七二（宝亀三）年三月二日、井上は夫の光仁を呪詛したという理由で、突如、皇后の地位を廃されてしまう。また、他戸も同年五月二十七日に廃太子され、新たに七七三（宝亀四）年一月、百済系渡来氏族出身の高野新笠《たかののにいがさ》を母とする山部親王が立太子した。その後、七八一（天応元）年、光仁は山部に譲位し、桓武天皇が誕生する。

光仁はおよそ一世紀ぶりの天智系の天皇であり、山部が立太子した時点において、天智朝（近江朝）の完全な復活がなされたのであった。（図13）こうして、「大友皇子の祟り」を回避できたという認識があったからこそ、宅嗣は本宗氏名を本来の「物部」に戻すことを情願したのである。

このことは、遡って考察した場合、祖父である麻呂が、一族の人々に賛同されないにもかかわらず、「石上」に改姓した背景に「大友皇子の祟り」を忌避しようとする個人的な意図、冥界的要因が存在していたことを証明している。

（図 13）光仁天皇と他戸皇子・山部皇子

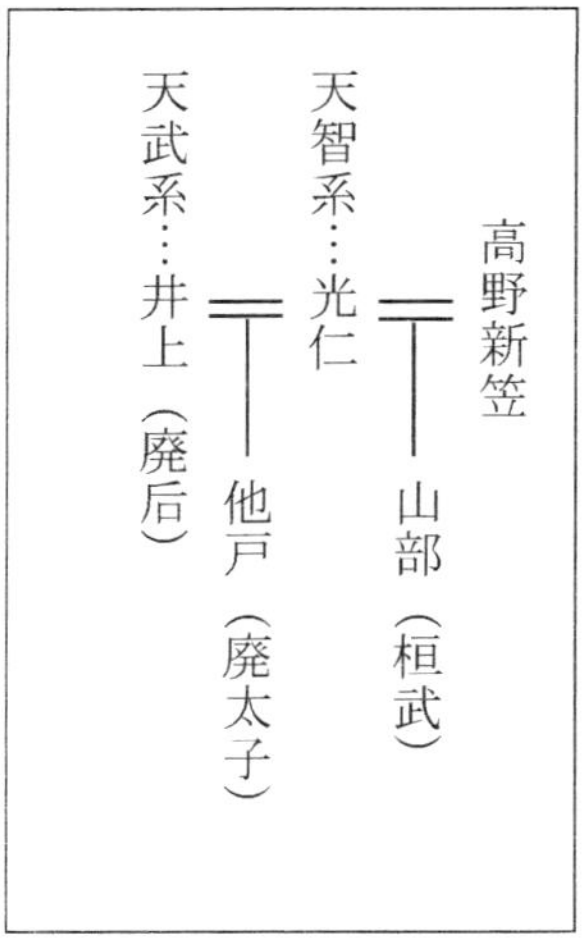

更に、この私見は、宅嗣が「物部」に戻すことを情願して許可されたにもかかわらず、四年後の七七九（宝亀十）年十一月十八日、再び「石上」に改姓していることからも検証できる。なぜならば、宅嗣が「石上」に再改姓した背景には、「大友皇子の祟り」と類似する別の怨霊が宅嗣に依り憑き、これを鎮伏するための呪的行為が必要となったからである。

天武系の皇統が続いた中で、天智の皇孫にあたる光仁が即位できた背景には、前記したように複雑な状況があった。『続日本紀』によれば、七七〇（宝亀元）年八月、称徳女帝が崩御すると、藤原永手《ふじわらのながて》、吉備真備《きびのまきび》、藤原宿奈麻呂《ふじわらのすくなまろ》（良継《よしつぐ》）、藤原縄麻呂《ふじわらのただまろ》、石上宅嗣《いそのかみのやかつぐ》、藤原蔵下麻呂《ふじわらのくらしたまろ》らによって、白壁王の立太子が決定された。

その後、白壁は即位して光仁となり、井上内親王が皇后に、他戸が皇太子に立てられた。ところが、井上皇后と他戸皇太子が廃され、山部が立太子することとなった。更に、井上は光仁の姉である難波内親王を呪詛し、殺害したとして庶人の身分に落とされた上、幽閉されていた邸宅において、他戸とともに同日、死去したのである。

この事件により、完全に皇統は天武系から天智系へと替わるのだが、その背景には国政を掌握しようとする藤原良継・百川《ももかわ》を中心とした藤原式家の人々による謀略があった。そして、天智朝（近江朝）の復活を目指した宅嗣もまた、この謀略に加担したのだが、そのために、宅嗣は井上・他戸の怨霊に祟られることになったのである。

まず、式家の蔵下麻呂が七七五（宝亀六）年七月一日に四十二歳で薨去し、続いて七七七（宝亀八）年九月十八日、前記の廃后・廃太子という謀略を実行した中心人物の一人、良継（宿奈麻呂）が六十二歳で薨去する。

また、『続日本紀』によると、同年十一月一日には「天皇不豫」とあり、光仁天皇が発病していたことが確認できる。更に、山部皇太子までもが発病したため、同年十二月二十八日には、井上内親王の墳を改葬する。その墳を御墓と称して守家一烟を置く。

とあり、井上廃后の墓を改葬させて怨霊の鎮魂をおこなっている。

しかし、七七八(宝亀九)年正月には、「皇太子枕席不安」とあり、山部が精神不安定による不眠症のため、朝賀の儀式が中止された。また、壹志濃《いちしぬ》王《おう》と石川朝臣垣守《いしかわのあそんかきもり》らを派遣して、再度、井上の墓の改葬を実施したり、三月二十日には、東大寺、西大寺、西隆寺において皇太子の病気平癒を祈念した読経を実施したりしているから、井上の祟りは容易に鎮伏することができなかった。

七七八（天平九）年五月二十七日には、光仁の異母姉である坂合部内親王が薨去し、十月二十五日には、山部皇太子自らが病気平癒を祈念するため、伊勢神宮に赴いている。式家の人々にとって、また、宅嗣にとって、これらの人々の死と発病は、恐怖をいだき始める予兆として十分なできごとであっただろう。

更に、七七九（宝亀十）年六月二十三日には、

周防国周防郡の人で外従五位上周防凡直葦原《すおうのおおのあたいあしはら》の賤《せん》男公《おきみ》が自らを他戸皇子と称して百姓たちを誑惑《きようわく》した。そのため伊豆国に配流した。

とあり、周防国の賤民が、自らを他戸皇子と名のり、人々を惑わしたために伊豆に配流されるという奇

怪な事件が起きた。

その直後の七月九日、井上・他戸の母子を廃后・廃太子に追いこみ、二人を憤死に至らしめた中心人物の藤原百川が四八歳で薨去したのである。

梅原猛『海人と天皇』（新潮文庫）は、

宝亀六年四月二十七日、井上内親王と他戸皇子がともに死ぬ。百川一派が殺したのであろう。この井上内親王と他戸皇子の怨霊が宝亀四年一月に立太子した山部皇子に祟るのである。宝亀八年十二月二十五日、山部皇太子が病に陥り、そのため、二十八日、井上内親王の墓を改装させたりして、百川は必死で山部皇太子を看病するが、逆に百川が病気になり死ぬのである。それ故、百川の死は井上内親王と他戸親王の怨霊の祟りという噂が生まれる。


と書く。

井上廃后と他戸廃太子の怨霊に恐れを感じていた宅嗣にとり、連続する式家の人々などの死と光仁天皇や山部皇太子の発病、他戸廃太子の死霊が憑依した賤民の出現と、その直後の藤原百川の死は、はかり知れないほどの衝撃と恐怖であったに違いない。

この衝撃と恐怖を忌避するため、物部宅嗣がとった呪的行為は、祖父の麻呂が「大友皇子の怨霊」に祟られ、その衝撃と恐怖を呪力によって忌避するためにおこなった本宗氏名の改姓であった。

宅嗣が情願の末にようやく復した伝統ある本宗氏名の「物部」に替えて、「石上」に再改姓することを願い、再び石上宅嗣として確認できるのは、藤原百川が薨去した四カ月後の七七九（宝亀十）年十一月十八日である。

このように、「石上」から「物部」に本宗氏名を復したにもかかわらず、宅嗣が再び「物部」から「石上」に改姓することを情願した冥界的要因は、井上内親王と他戸親王の死に対する滅罪の意識と、その祟りを鎮伏除災しようとする強い願望であったと考えられるのである。

第五章　持統女帝と吉野の盟約

一　吉野行幸の謎

持統女帝が吉野へ行幸した回数は、なんと三十回以上にものぼる。（次頁、図14）歴代天皇で、これほどまでに吉野にこだわり、行幸をくりかえしたのは持統ただ一人である。いったい、どのような理由・目的があって、三十回以上もの行幸をくりかえしたのだろうか。

直木孝次郎『持統天皇』（吉川弘文館）は、「吉野は持統にとって、壬申の乱につながる思い出の深い地」であり、

　往年の大海人皇子の英姿が彷彿と浮んだにちがいない。そのおもかげを追うて、彼女は吉野へ旅したのではなかろうか。この吉野行に、壬申の乱の兵をあげたのと同じ真夏の六月を選んだのも、恐らく偶然ではあるまい。

と書く。

なお、直木孝次郎氏は「譲位以来四年ぶりに吉野へ老いの身を運んだ持統の胸中」を察して記述しているのであり、持統による三十回以上にのぼる吉野行幸については、「何故にそんなにたびたび行く必

（図 14）持統女帝の吉野行幸〈上段（日付）・下段（滞在期間）〉と関連事例（○数字は推測）

	689	690	691	692	693	694	695	696	697	698	699	700	701	702	月別合計
	称制3年	4年	5年	6年	7年	8年	9年	10年	11（文武元）年	2年	3年	4年	大宝元年	2年	
		持統女帝							文武天皇						
1月	18～21 3	1 持統即位	16～23 7												2
2月		17～				24～	8～15 7	3～13 10					20～27 7（推測）		4①
3月					6～13 7		12～15 3								2
4月	13 草壁薨去		16～22 6			7～14 7		28～ 5/4	7～14 7						4
5月		3～		12～16 4	1～7 6										3
6月							18～26 8	18～26 8					29～ 7/10		3
7月			3～12 9	9～28 19	7～14 7			10 高市薨去						11～ （推測）	3①
8月	4～	4～			17～21 4		24～30 6		1 文武即位						4
9月			9 河嶋薨去			4～									1
10月		5～	13～20 7	12～19 7											3
11月					5～10 5										1
12月		12～14 2					5～13 8							22 持統崩御	2
通年合計	2	5	4	3	5	3	5	3	1	0	0	0	1①	①	32②

要があったのだろうか。この疑問はまだ十分に解明されていない」と書いている。

遠山美都男『天皇と日本の起源』（講談社現代新書）は、

> 彼女が吉野に頻繁に行幸したのは、まず第一に、その即位の前提条件となった皇后就任の地を訪ねることにより、彼女が天皇となる資格や正当性を宣伝し、それを強化しようとしたからであると思われる。また、吉野宮を造ったのが斉明女帝だったことを考えれば、持統は、自分が天皇としては斉明に連なるのだという意識を強くもっており、それをアッピールしようとして足繁く吉野に通ったのではないだろうか。

と書く。

しかし、「天皇となる資格や正当性を宣伝」するためや、「天皇としては斉明に連なるのだという意識を強くもっており、それをアッピール」するためだけに、三十回以上もの行幸が必要であったか疑問である。

福永光司『日本の道教遺跡』（朝日新聞社）は、

なぜ、古代の天皇はこれほど吉野にひかれたのか。その謎を解く鍵こそは道教思想にある。吉野宮つまりこの宮滝の地は古代人にとって道教の説く不老不死の世界である「神仙境」、あるいはそこに最も近いところと考えられたからだ。十一年間の在位中に、三十一回も訪れた持統天皇はそこで、道教思想に基づく祭天の儀式を行うために来たのではなかろうか。

と書く。

梅原猛『黄泉の王』（新潮文庫）は、持統女帝が新しい神事（アマテラス神話と中臣神道）を創始するためであったとし、

私は持統帝は、吉野へ神になりに行ったのではないかと思う。ちょうど、ほうっておけばなくなってしまう電気を、ときどき補充しなくてはならないように、自らを神にしなくてはならない困難な

運命を自己に課した彼女は、ややもすれば、彼女の中において消失しがちな霊気を、仙境吉野において新たに補充したのであろうと私は思う。

と書いている。

両氏の指摘で共通しているのは、古代における「吉野の聖地性」である。確かに吉野は、藤原京の南に位置する神仙境として、道教思想や神仙思想との関わりが認められる聖地とされていた。

そして、持統については、道教的思想に関連した事績が多いことから、吉野行幸についても、不老不死の世界である神仙境としての聖地性と関連づけた指摘がなされるのは当然とも言える。

吉野裕子『陰陽五行思想からみた日本の祭』（弘文堂）は、陰陽五行思想に基づき、「持統天皇の吉野出遊は天子としての①『年穀祈願』、自らの土徳に基づく②『天地合一』、その皇位保持のための③『不老長生』、この三つの祈求達成の呪術」をおこなうためであったと指摘する。

天子としての①「年穀祈願」については、天武朝から始められた広瀬神と竜田神の勅祭と吉野行幸を関連させ、四月と七月の行幸について解釈したものである。また、自らの土徳に基づく②「天地合一」については、土徳の天皇として天地の交感の必要性から在位中の吉野行幸を解釈する。最後に、その皇位保持のための③「不老長生」については、神仙境である吉野との関連から在位中を含め、その前後の吉野行幸について解釈している。

しかし、即位前（二回）、譲位後（一回）、四月と七月（七回）の十回を除く二十二回の吉野行幸の理由について、そのすべてを「天地合一」と「不老長生」だけで説明するにはやはり無理があり、疑問が残ると言わざるを得ない。

瀧浪貞子『女性天皇』（集英社新書）は、六八九（持統称制三）年一月十八日の吉野行幸について、天武の埋葬儀を終えた鸕野皇后が、草壁の即位に向け、自らの役割と決意をあらためて確認し、自らを奮い立たせるための行幸であったとする。

その後の吉野行幸については、六九二（持統六）年を境に前半と後半に分ける。そして、前半の行幸は「天武を追慕し、為政者としての霊力を身につける〝たまふり〟であった」とする。また、広瀬神・龍田神などに関わる水の祭祀や藤原京の造営が「天武と不可分」であるとし、吉野行幸は「〝たまふり〟という以上に、殯儀礼同様、天武の継承者たることを表明するデモンストレーションであった」と指摘する。

六九三（持統七）年以後の行幸については、

後半になると、行幸は半ば狂気じみてくる。ことに七年・九年などは年間に五度、すなわち二ヶ月ごとの行幸となり、何かに取り憑かれたかのように出掛けている。（中略）この頃の持統は、吉野に出掛けるだけで心の安らぎを覚えたのであろう。行かないと不安になったという方が正しいのかも知れない。

しかし、あれほど重ねた吉野への行幸も、譲位後はぱたりとなくなり、たった一度だけである。明らかに譲位がストレスの解消となっている。こうしたことからも持統にとっての吉野は、天武とともにあった、二人だけの聖地だったのである。


と記す。

天皇位に在る以上、六九二（持統六）年までのみならず、六九三（持統七）年以後であっても、「庶事多端にして、一日に万機あり」である。また、草壁を失った不安な心情も、六九三（持統七）年の前後で変わることはないと言ってよい。更に、吉野行幸の回数も六九〇（持統四）年は五回、翌六九一（持統五）年も四回と多く、どうして行幸を前半と後半に分けるのか疑問である。

そのため、前半のみの理由としての〝たまふり〟や〝デモンストレーション〟という指摘も首肯できない。持統による吉野行幸の理由・目的は、即位から譲位後まで、終始一貫していたと考えるべきであろう。

また、瀧浪氏は、持統の六九三（持統七）年以後の行幸が、不安の解消と心の安らぎを求めるためであったとし、「明らかに譲位がストレスの解消となっている」と書いているから、「取り憑いた何か」「不安の原因」は自らの天皇在位による心労であったことになる。そして、この心労を解消するための手段が、「天武とともにあった、二人だけの聖地」吉野への行幸だったとする。

しかしながら、持統はそんな軟弱な女帝ではない。持統は確固とした意志と信念をもち、自らの役割を明確に認識した上で即位したのであり、その目的を達成するために譲位したのである。そして、目的達成のために必要不可欠であったからこそ、三十回以上の吉野行幸を実施したのであり、それがわれわれには不可解な呪的行為であったために、謎とされてきたのであろう。

持統に限られた個人的で特異な吉野行幸の主たる理由・目的は、やはり他の天皇にはあてはまらない、持統に限られた個人的な視点から考察する必要がある。その点で、亀田隆之『皇位継承の古代史』（吉川弘文館）の指摘は注目される。

むしろ吉野の地が壬申の乱の出発点に位置すること、また、天武八年に皇位継承と絡んで、天皇への忠誠を諸皇子に誓わせた、いわゆる「吉野誓盟」の場所であることに注意される。（中略）「吉野誓盟」がなされたと同じ五月の行幸が四回、また壬申の乱の時期に当たる六月から八月にかけての時期が十回と、合計十四回を数えることができる。（中略）このことはやはり、持統を頂点とする天武一族にとって、王権確立の原点に立ち返ることにより、その確立を回顧するとともに、皇位継承に関して父子相承と長嫡子相続とを再確認するという意味を含むものではなかったか。

持統にとって吉野とは、夫である大海人皇子（後の天武天皇）とともに王権を獲得するための「壬申の乱の出発点」であり、愛息である草壁皇子への皇位継承のために、混乱や争奪を終息し、回避することを天地の神々に盟約をおこなった「『吉野誓盟』の場所」でもあった。

亀田氏はみごとに持統に限られた吉野の特殊性に着眼している。ところが行幸の理由・目的を、「王権の確立を回顧するとともに、皇位継承に関して父子相承と長嫡子相続とを再確認する」としたため、十四回以外の行幸について説得力を欠く結果となっている。

このように、持統の吉野行幸については多くの説が示されてきたのだが、三十回以上にものぼる特異性について、未だに十分な説得力をもつ説が提示されたとは言えず、謎はまだ解明されていない状況にある。

ただ、持統の吉野行幸の中には、前掲した諸説によって説明できる事例も見られる。例えば、六九二（持統六）年七月の行幸は、激戦がくりひろげられた六七二（天武元）年七月の壬申の乱からちょうど二十年目にあたっている。滞在期間も九日から二十八日までの十九泊となっており、他の行幸に比べて最も長い。

この事例は、壬申の乱から二十年目という節目の年にあたり、「王権確立の原点に立ち返ることにより、その確立を回顧する」ための行幸であったと解釈することが可能である。合わせて、壬申の乱の時期にあたる六月から八月にかけての時期の行幸も説明はつく。

また、天武・持統が重視した広瀬神・竜田神の勅祭と関連をもつと考えられる四月と七月の事例、『吉野の盟約』がおこなわれた五月の事例なども、説明が可能であると言える。

しかし、これらを合わせても十七回であり、残りの十五回はどのように理解したらよいのであろうか。例えば、六九五（持統九）年二月と三月の行幸は、どのように説明するのだろう。二月八日から十五日まで七泊八日、持統は吉野へおもむいている。そして帰京後、三月十二日から十五日の三泊四日、またしても吉野へとおもむいているのである。

このような短期間に、持統はくりかえし祭天の儀式や霊気の補充、不老長生の祈願に行かなければならない必要性があったのだろうか。あまりにも短期間かつ突発的であり、前掲の諸説では説明が困難であると言わざるを得ない。

謎につつまれた持統の吉野行幸なのだが、実はこの三十回以上にものぼる異常な吉野行幸の背景にこそ、天武の皇統における皇位継承に関わる重大な秘密が隠されていたと推察される。

そこで本章では、持統による吉野行幸の謎について、大津皇子の謀反事件から草壁皇太子、高市皇子、文武天皇の後継問題を通し、行幸の主たる理由・目的が冥界的要因であったことを明らかにするとともに、皇位継承に及ぼした影響について考察してみたい。

二　大津皇子の謀反事件

『日本書紀』によれば、天武が崩御した直後、六八六（朱鳥元）年十月二日、大津皇子が謀反の容疑で捕縛されている。この謀反事件について『懐風藻』は、大津の親友で、天智天皇の皇子である河嶋皇子が、大津から謀反の話をもちかけられた、と記している。しかし、河嶋は大津に組しないばかりか、謀反の計画を朝廷に密告したのであった。

こうして、大津とともに連座した三十余名が捕らえられ、翌十月三日、皇位継承資格において二位に位置していたと思われる大津が刑死する。時に二十四歳であった。妻の山辺皇女は髪を振り乱し、裸足で走り出たまま殉死したため、見る者は皆すすり泣いた、と『日本書紀』は記す。

この事件は、愛息である草壁皇子の即位を切望する鸕野皇后が、ライバルである大津を暗に孤立、挑発させ、謀反に追いこんだ策謀であった可能性が高いが、草壁にも当然、事前に知らされていたであろう。

また、謀反事件に連座した三十余名の中には、中臣臣麻呂《なかとみのおみまろ》、壱伎博徳《いきのはかとこ》の名が見えることから、藤原不比等が関与していたことも推察される。この二人は不比等に近い人物と考えられるからである。

中臣臣麻呂（意美麻呂《おみまろ》）と不比等は又従兄弟の親族関係にある。三年後の六八九（持統称制三）年二月二十六日には、不比等とともに持統から判事に任命され、政界に復帰した臣麻呂は、その後も栄進を重ね、最後は中納言、正四位上兼神祇伯にまで昇進している。

壱伎博徳は六九五（持統九）年七月二十六日、新羅遣使としての記述が見られ、その後は、不比等のもとで「大宝律令」の編纂事業にたずさわり、七〇三（大宝三）年には水田十町と封戸百戸、従五位下を授与されている。

このように、大津の謀反事件に連座したにもかかわらず、臣麻呂と博徳の両名は、不比等と関わりながら持統・文武朝において優遇されている。第六章（一）において後述するが、不比等は天武の病因占いを通して鸕野皇后と協力関係をもつ。そのため、草壁のライバルである大津を排除しようとするこの謀反事件に、鸕野とともに不比等が関与していた可能性はきわめて高い。

ここで、持統女帝の「吉野行幸の謎」に関連して、留意しておきたいことが二点ある。第一点は、大津は自らの意志に反して謀反事件に追い込まれたわけであり、そのための刑死は怨念を抱きながらの憤死であったと考えられる。

このような経緯で憤死した人物は、その死霊が怨霊となって「祟り」をなす。したがって、大津の場合も刑死に至った背景を考慮するならば、鸕野皇后や草壁皇太子、そして不比等などの人々に依り憑き、祟る怨霊になったと考えられて不思議はない。

第二点は、この謀反事件により、自らの愛息のために大津を謀反へと追い込み、刑死に貶めた鸕野および草壁は、天地の神々によって「天罰」をくだされる立場におちいったことである。なぜならば、鸕野と草壁は吉野においておこなった神々への誓盟に、明らかに違背したからである。

六七九（天武八）年五月六日、天武と鵜野は、草壁・大津・高市・河嶋・忍壁・芝基の六人の皇子たちとともに、「吉野の盟約」と言われる後継についての誓盟をおこなった。

この時、草壁は諸皇子の先頭に立ち、「天地の神々および天皇よ、はっきりとお聞きください。われら兄弟長幼合わせて十余人は、それぞれ母を異にしておりますが、同母であろうとなかろうと、天皇のお言葉にしたがって、助け合って争いはいたしますまい。もし今後この盟《ちか》いに背《そむ》いたならば、命は亡び子孫も絶えるでしょう。これを忘れずあやまちを犯しますまい」と宣誓している。

このように、天地の神々と天武に宣誓したにもかかわらず、草壁は母である鵜野とともに、大津を刑死に貶めたのである。したがって、草壁は神々に対する宣誓に違背したことになり、天罰をくだされて当然と言わざるを得ない。

次に、天武が「わが子どもたちよ。それぞれ母を異にしているが、みんな同じ母から生まれたも同様に慈しむことにしよう。もし自分がこの盟いに背いたら、たちまちわが身を亡ぼすであろう」と宣誓した。続いて、「皇后もまた天皇と同じように、盟いのことばをのべられた」のである。

しかし、鵜野は自らの愛息である草壁のためだけに、策謀を用いて大津を刑死させた。したがって、その行為は明らかに盟約に違背するものであり、草壁とともに当然の結果として、神々からは天罰をくだされる立場となったわけである。

三　草壁皇太子の後継問題

天武の崩御、ライバルである大津の刑死により、草壁の即位の条件は整えられた。しかし、草壁は即位せず、鵜野が称制をおこなう。

条件が整ったにもかかわらず、草壁が即位しなかった理由は、その病弱な体質のためであろう。この点は、三年後の六八九（持統称制三）年四月十三日、二十八歳という若さで早世していることからもうかがえる。

草壁の嫡子である珂瑠《かる》皇子（後の文武天皇）はまだ七歳であり、この時点での後継は困難であった。そのため、六九〇（持統四）年一月一日、鵜野自らが即位し、持統女帝となった。時に四十五歳、孫の珂瑠皇子が成長するまでの中継ぎの役割を強く意識した即位であったと言える。

愛息である草壁の早世は、持統にとって大きな衝撃であっただろう。しかし、衝撃の理由はそればかりではない。むしろ、それ以上に、持統にとって衝撃となる理由があった。策謀を用いて大津を刑死に貶めたことにより、「吉野の盟約」に違背した持統は、草壁が発病をくりかえしながら薨去した時点から、大津の祟りと神々の天罰が具体化したことを実感せずにはいられなかっただろう。

そして、大津を刑死に貶めた策謀の中心人物は、早世した草壁ではなく、むしろ持統であったから、「同じ母から生まれたも同様に慈しむことにしよう。もし自分がこの盟いに背いたら、たちまちわが身を亡ぼすであろう」と、天武とともに宣誓した持統としては、草壁に続き、わが身に祟りと天罰がふりかかることを危惧しなければならなくなったのである。

更に、持統が最も危惧したのは、草壁が宣誓した「子孫も絶えるでしょう」の一言であった。皇位継承を期待した愛息の草壁のみならず、孫の珂瑠皇子にまで祟りと天罰がふりかかり、その命が絶たれてしまう危険性が生じてしまったからである。

梅原猛『黄泉の王』（新潮文庫）は『薬師寺縁起』をもとに、大津の死霊が悪竜となって世を乱すため、悪竜の住む馬来田池を埋めて薬師寺金堂を建てて鎮魂した、と記している。この大津の祟りを鎮めるため、持統は草壁が発病し、薨去した前後の時点で、大津の屍を二上山に改葬させている。

『万葉集』には大津の姉である大来《おおく》皇女の歌が二首、収載されている。

巻二―一六五番

うつそみの人にあるわれや明日よりは

二上山を弟世とわが見む

巻二―一六六番

磯のうへに生ふる馬酔木を手折らめど

見すべき君がありと言はなくに

その詞書に「大津皇子の屍を葛城の二上山に移し葬る時、大来皇女の哀しび傷む御作歌二首」とあり、大津の屍が、はじめに埋められた場所から二上山に移し葬られたことがわかる。

伊勢神宮の斎宮であった大来皇女は、弟の大津の謀反事件が発覚した直後の六八六（朱鳥元）年十一月、飛鳥京に戻っている。前記した詞書は、その翌年以降の春（馬酔木《あしび》の花が咲く頃）に詠んだことを示している。

刑死によって粗末に埋められていた大津の屍が、二上山に改葬されたのは、草壁の発病と早世が大津の祟りの具体化と実感した持統の指示によるものであったと考えられる。なぜならば、刑死者の屍は政府に無断で改葬することが禁じられていたからである。

そして、持統の指示によるこの改葬を、陰陽五行思想に基づいて考察すると、吉野と二上山の位置関係において、興味深い関連性があることに気づく。

大津の怨霊を鎮魂するため、持統はそれまで粗雑に埋められていた大津の屍を二上山へと移し葬った。二上山は飛鳥浄御原宮（奈良県明日香村）、また、直後に遷都することになる藤原京（橿原市）から見て西、金気の方位に当たるから、改葬された大津の怨霊を克し、鎮魂するためには、「火克金」の呪的行為が不可欠となる。そのため、飛鳥浄御原宮および藤原京から見て南、火気の方位に位置する吉野において、くりかえし鎮伏祈願をおこなう必要があったのである。

更に、持統による吉野行幸の理由・目的はそればかりではない。神々による天罰の現実化を実感した持統は、草壁が発病し、薨去する直前から、自らと子・孫の命を守るため、盟約の儀式をおこなった吉野への行幸を開始する。そして、自らの違背行為について滅罪をくりかえし、天罰の除災を天地の神々に祈願する必要があった。

草壁が薨去し、愛息への皇位継承が絶たれた時点で、中継ぎの役割を負った持統の本願は、孫の珂瑠皇子への皇位継承となった。それは、母としての立場を失った持統の、祖母としての切なる願いでもあった。そして、その本願が達成されるまでの自らと孫の健康保持が絶対不可欠となる。

草壁は六八九（持統称制三）年四月十三日に薨去しているが、直前の三月二十四日には、全国に対して大赦令が出されている。これは、草壁の病気平癒を祈るための発令であるから、同年一月十八日から二十一日までの吉野行幸は、草壁の体調が悪化し始めた頃であったと考えられる。

一方、「吉野の盟約」の内容や同行した皇子たちの動勢を聞かされたり、夫の刑死の際に殉死した山辺皇女の姿を見、涙したりした多くの人々も、持統が実感した天罰と祟りについて噂し合ったことだろう。

草壁が薨去した四カ月後の八月二日には、百官が神祇官に召集され、天神地祇の祭祀について協議がおこなわれている。大津の謀反事件の真相は公にはできないから、天神地祇について、どのような議題で話し合われたかを知ることはできない。

しかし、その二日後に持統は吉野へ行幸しているから、神祇官の召集もこれに関わりのある議題ではなかったかと推測される。まだ草壁の殯が継続していた最中であったと考えられ、この吉野行幸が持統にとり、いかに緊急かつ重要な必要性と意義をもっていたかがうかがえる。

持統は吉野以外にも、多くの行幸をおこなっている。その中で、六九二（持統六）年三月の伊勢行幸については、三輪高市麻呂《みわのたけちまろ》が農繁期の行幸は農事の妨げになるとして、持統を諫めている。三十回以上にのぼる吉野行幸は、一月から十二月まで、各月にわたっておこなわれている。その中で、農繁期にも吉野行幸はおこなわれているが、諫言の事例は見られない。また、他の行幸とは異なり、留守司などの任命も見られないから、吉野行幸は持統による個人的で、小規模なものであったと言えるが、持統にとっては諸事に優先する重大事であったのである。

四　高市皇子の後継問題

珂瑠皇子が成長するまでの間、持統は万一に備え、自らの輔弼と後継を任せる人選を女帝としておこなう必要があった。天武の皇子で皇位継承候補第一位の草壁、第二位の大津が不在となり、かつては第三位であったと考えられる高市が、この時点で大きくクローズアップされることになった。

だが、高市を太政大臣に抜擢することは、持統に不慮のできごとがあった場合、高市および子の長屋王へ皇位が継承されてしまう可能性がある。そのような危険性を犯してまで、持統が高市を太政大臣に抜擢した理由は、どのようなものであったのだろうか。

天武朝の末期から鵜野皇后による称制の期間、そして持統朝にかけては、律令の編纂という国家事業の展開にともない、近江朝の官人だった人々が再び起用され、重用される傾向が見られる。そのため、壬申の功臣たちの間では、天武に続いて大津が亡くなった今、壬申の乱において、ともに命を懸けて戦い、戦友的な存在と言える高市への期待感、待望感がつのったことだろう。

また、今は亡き草壁の妻は天智の娘の阿閇《あへ》皇女（後の元明女帝）であり、持統が抜擢した高市の妻、御名部《みなべ》皇女もまた天智の娘である。更に、阿閇皇女の姉が御名部皇女であり、二人の母は持統の母、遠智娘《おちのいらつめ》の同母妹であった。持統はこのような姻戚関係をも考慮に入れたことだろう。

それとともに、高市の抜擢には「吉野の盟約」との関わりがやはり看過できない。「吉野の盟約」において持統と草壁は、天武の皇子を平等に慈しむことを天地の神々に誓い、その誓いに違背したならば、自らの身が亡びるとともに子孫も絶えると宣誓している。具体的には、二十八歳で早世した草壁のみならず、次は孫の珂瑠皇子の命さえも絶えてしまうことを意味する。したがって、神々の天罰から孫の珂瑠皇子を守ろうとする持統は、「吉野の盟約」の場に同座した高市を尊重せざるを得なかったのである。

こうして、六九〇（持統四）年七月五日、高市は太政大臣に任命された。太政大臣への任命は、天智朝の大友の場合を考慮すると、事実上、持統の後継者に決定したと言える。大友は卑母の出生であったが、六七一（天智十）年一月五日、天智によって太政大臣に任命され、その後継者に決定された。高市もまた大友と同じ卑母出生という条件のもとに生まれながら、持統によって太政大臣に任命され、後継者に決定されたのである。

六九一（持統五）年一月十三日、高市は二千戸の食封を加増され、また、翌年一月四日には二千戸を加えられて五千戸となっている。更に、六九三（持統七）年一月二日、高市は浄広一位を授けられているが、これは六八五（天武十四）年一月二十一日に草壁が授けられた爵位と同じである。持統朝における後継者としての条件が、高市には着々と整えられていった。

太政大臣としての高市は政治万般にあたり、藤原京の建設などにも貢献している。また、行幸の際の王権の代行など、持統の輔弼者として多くの執務をこなしたことだろう。特に、持統は在位中にくりかえし吉野行幸をおこなっているが、天皇の不在がくりかえされることは、政権運営にとっては大きな負担である。太政大臣としての高市にはそれだけ負担がかかるわけだが、持統の吉野行幸の理由を察知していたであろうから、高市は黙々と執務をこなし、持統を輔弼せずにはいられなかったであろう。

持統の吉野行幸は、天皇在位中は毎年、多い時は年に五回を数える。持統にとっては、「吉野の盟約」の儀式に同行した皇子たち、そして、自らとその孫である珂瑠皇子の健康状態が不安定になるたびに、吉野へおもむく必要があったのである。

吉野において持統は、盟約に違背した自らの行為を、天地の神々に滅罪しながら、その天罰が少しでも早く除かれることを、そして、盟約に参加した皇子たちの健康と珂瑠皇子の健やかな成長を、一心不乱に祈願したことだろう。

六九一（持統五）年には、四回（一・四・七・十月）の吉野行幸がおこなわれている。同年九月九日、天武の崩御と同じ日に、「吉野の盟約」において「天地の神々および天武天皇」に盟約をしながらも、大津を刑死に貶めるきっかけをつくった河嶋皇子が三十五歳で薨去している。この河嶋の発病と薨去に関わっておこなわれた吉野行幸もあったと考えられる。

また、持統が太政大臣に抜擢し、自らの後継を託した高市も、六九六（持統十）年七月十日に薨去しているが、この年には三回（二・四・六月）の吉野行幸がおこなわれている。同年七月二日には高市の病気平癒を祈る罪人の赦免がおこなわれているが、同じ目的で吉野行幸もおこなわれたことだろう。

更に、六九七（持統十一）年六月二日には持統が発病している。そのため、自らの病気平癒を祈るため、罪人の赦免や京畿の諸寺に読経をさせ、寺社の祓いや奉幣、造仏もおこなわせている。したがって、四月七日からの吉野行幸は、持統自らの体調快復の祈りを兼ねておこなったと考えられる。

珂瑠皇子の健康状態について、『日本書紀』には記録が見られない。しかし、二十八歳で薨去した病弱な草壁を父とする珂瑠皇子も、後に病気を理由に母である阿閉皇女（後の元明女帝）に譲位し、七〇七（慶雲四）年六月十五日、二十五歳の若さで崩御している。

持統朝における珂瑠皇子は五歳から十五歳という幼少期にあたり、その健康状態は不安定であった可能性が高い。そのため、年に五回という異常な回数は、おそらく珂瑠皇子の不安定な健康状態が起因していると思われる。

前にもふれたように、六九六（持統十）年七月十日、太政大臣の地位にあった高市が四十三歳で薨去している。ここで『日本書紀』は高市を「後皇子尊」と表記し、「草壁皇子尊」と表記されている草壁と対応させている。『日本書紀』において、「尊」という尊称がつけられているのは草壁と高市の二人の皇子だけであるが、この点については藤原不比等の深謀に関わって第六章（五）において詳述する。

高市が薨去した時、草壁の嫡子である珂瑠皇子は十四歳であった。『懐風藻』によれば、高市の薨去後、持統は高市にかわる日嗣（皇太子）を決めようと宮中に王族・貴族・官人らを集め、協議をおこなっている。この協議は複雑な思惑が錯綜する混乱状態となったが、葛野王《かどののおう》によって紛糾した協議の方向を決定づける発言がなされた。

『懐風藻』の「葛野王伝」には、

わが国のきまりでは神代より今日まで、子孫が相続して皇位をつぐことになっています。もし兄弟の順を追って相続されるなら擾乱はここから起こるでしょう。仰ぎ見ましても天の心を論じ、だれが測ることができましょうか。ですから人間社会の秩序を考えますと、天皇の後嗣は自然定まっております。この方以外に後継になる方はなく、それに対してたれがとやかく申せましょう。

と、発言したことが記されている。

この葛野王の発言により、草壁の兄弟にあたる天武の皇子たちへの後継は阻止され、草壁の嫡子である珂瑠皇子の立太子が決定した。そのため、持統は葛野王に喜びをあらわし、正四位、式部卿を授けている。

だが、皇位の後継という重大な問題について、また、天武の皇子や天武朝の貴族・官人たちが協議する中、近江朝の後継者であった大友皇子の長子である葛野王が、このような発言ができる立場にあったのであろうか。母の十市皇女を通して、葛野王は天武の孫でもあるわけだが、発言しようとした天武の皇子、弓削皇子を叱責し、発言を阻止したことも『懐風藻』には記されている。

葛野王の発言「もし兄弟の順を追って相続されるなら擾乱はここから起こるでしょう」は、暗に壬申の乱を批判した発言である。天智の遺志を受けた後継者の大友を、弟の天武が武力によって打倒した。このような争乱をくりかえさぬためにも、草壁の兄弟となる天武の皇子たちではなく、草壁の嫡子である珂瑠皇子への後継を主張したのである。

これは、大友の長子である葛野王のみが主張できる発言ではあるが、主張すべきでない内容を、主張すべきでない人物が発言したと言わざるを得ない。しかし、弓削皇子など協議に参加していた人々がこの違和感に気づいた時、葛野王の背後に強力な後援者がいることを察知したのではないだろうか。

葛野王は天武の孫でもあるが、近江朝の後継者に決定していた大友の長子であるから、天武およびその皇統のもとでの栄進は厳しい立場にあった。このような葛野王が、事前に持統からの誘いを許諾して協議に参加し、自らの栄進につなげるチャンスとした可能性は高い。事実、会議の直後、持統からは褒賞として正四位、式部卿が授けられている。

更に、珂瑠皇子への後継を強く推挙した葛野王の発言は、「草壁皇統の創設」を目論む藤原不比等の立場と一致する。詳しくは第六章（二）において論述するが、おそらく、葛野王の発言の背景には、持統からの誘いとともに、不比等による献策と後援があったと推察される。

こうして、高市の後継者は珂瑠皇子に決定したわけだが、それまでに比べ、この会議における持統の存在感はきわめて薄い。そのため、各群臣が私の好みを挟み、衆議が紛紜《ふんうん》したのだが、皇位継承に関わる重大事を決定する場で、持統は、なぜ、表面に出ず、群臣の協議に任せる形をとったのであろうか。

おそらく、持統は表面には出られず、群臣の協議という形をとらざるを得なかったのであろう。なぜならば、「吉野の盟約」を強く意識し、天地の神々の天罰を恐れたからである。

持統自らが孫の珂瑠皇子を強引に推挙することは、「同母として慈しむ」ことを誓った「吉野の盟約」に同座した忍壁皇子、芝基皇子の二人を蔑ろにすることになる。持統とともに「吉野の盟約」に同座した皇子は、草壁・大津・高市・河嶋・忍壁・芝基の六人の皇子たちであった。したがって、持統としては草壁・大津・高市・河嶋が亡くなった今となっては、忍壁を後継にしなければならないという窮地に立たされていたのである。

忍壁は宍人大麻呂《ししひとのおおまろ》という小豪族の娘である〓媛娘《かじひめのいらつめ》の子で、弟が磯城《しき》皇子である。天武が即位以前、忍壁は吉野から鵜野・草壁とともに同行し、後に大津を加え、四人で桑名において生活をともにしている。

六八〇（天武八）年の「吉野の盟約」には、忍壁も天武・鵜野、他の五人の皇子たちとともに同座し、その後、六八一（天武十）年三月十七日には、河嶋らとともに上古諸事の修史事業にたずさわっている。

六八五（天武十四）年一月二十一日、忍壁は河嶋とともに草壁（浄広一位）・大津（浄大二位）・高市（浄広二位）についで、浄大三位の爵位を授けられる。更に、六八六（朱鳥元）年八月十三日には、草壁・大津・高市（各四百戸）についで、百戸の食封を河嶋とともに授けられている。

このように、天武朝における忍壁は草壁・大津・高市についで、四番目の待遇を受けている。ところが、『日本書紀』によれば、忍壁は持統朝においてまったく登場せず、位階も進むことがなかった。持統は在位中において、忍壁を疎外し、冷遇している。

直木孝次郎『持統天皇』（吉川弘文館）は、

忍壁は何らかの理由で、持統にきらわれ、遠ざけられたのではないかと思われる。何故にきらわれたのか、今となってはわからぬが、それまで高市につぐ地位にあったことからすれば、皇位継承に関する問題で、天皇の怒りにふれる行為があったのではないかと想像される。それに比べて河嶋皇子の地位が安泰なのは、大津皇子の事件でわかるように、皇位継承問題について持統の意を迎えるように行動したからであろう。

と書く。

忍壁は桑名で大津と生活をともにしており、天武朝では河嶋と常に同じ待遇を受けている。その河嶋が大津と親しかったということから、忍壁も大津と親しい関係にあったのではなかろうか。

そして、河嶋が大津の謀反事件における対応により、持統朝では優遇されているのであるから、忍壁が疎外され、冷遇された原因は、大津の謀反事件への関わり方に差があったのであろう。河嶋が大津の計画を密告したことによって、その後、優遇されているのであるから、冷遇された忍壁は河嶋とは逆の対応・立場をとったと考えられる。おそらく、忍壁は大津に同情し、中立の立場を保つことによって、持統側には近づかなかったのではなかろうか。

そのため、持統は忍壁を疎外し、冷遇したのであろう。しかし、皇位継承候補三位の高市までが薨去した時点においては、「吉野の盟約」に同座していた忍壁を無視することはできない。また、草壁は正式には即位していないわけであり、持統が期待する珂瑠皇子は二世王に過ぎず、天武の皇子（一世王）である忍壁の方が皇位継承資格は優位にあったとも言える。

ところが、忍壁を後継者にすることは、孫の珂瑠皇子への皇位継承が絶たれる危険性がある。「吉野の盟約」と自らの願望との板挟みの中で、持統は藤原不比等と葛野王の二人に依託し、協議の表舞台からは一歩、退かざるを得なかったのであろう。その結果、近江朝の後継者（大友皇子）と重臣（藤原鎌足）、それぞれの子が、持統の念願成就を支援することになったのである。

持統に疎外された忍壁が、再び正史に登場するのは、『続日本紀』七〇〇（文武四）年六月十七日、不比等らとともに、大宝律令選定事業の功労記事においてである。すでに珂瑠皇太子が即位し、文武天皇となってから四年目であった。また、政権の中枢に参加するのは、持統太上天皇が薨去した直後の七〇三（大宝三）年一月二十日のことである。

五　文武天皇の後継問題

葛野王の発言により、持統朝における後継者は珂瑠皇子と決定した。『日本書紀』に珂瑠の立太子の記述は見られないが、『続日本紀』では六九七（持統十一）年に立太子した記事があり、『扶桑略紀』は同年二月と記述している。そして、同年八月一日、持統は珂瑠皇太子に譲位し、十五歳の文武天皇が誕生する。

長い間、切望してきた孫の即位が実現し、持統太上天皇にとっては、一瞬の安堵がゆるされた瞬間であったと思われる。愛息である草壁が発病し、早世するという異常事態が発生した時点から、持統は大津の祟りを鎮めるため、また、神々への滅罪と天罰の除災を願う祈りを、吉野行幸という形でくりかえしてきた。

三十回以上にのぼる特異な吉野行幸だったが、文武が即位してからは突如として絶えている。その理由は吉野行幸の目的、すなわち、長らく切望してきた珂瑠への皇位継承が、ようやく実現したからである。したがって、持統が三〇回以上にものぼる吉野行幸をおこなった冥界的要因は、大津の刑死と「吉野の盟約」違背への滅罪の意識、および、大津の祟りと神々の天罰を鎮魂除災しようとする強い願望であったと言える。

四年の中断の後、七〇一（大宝元）年六月二十九日、持統は再び吉野行幸におもむく。この度は今までとは異なり、宿願が成就された上での行幸である。天地の神々に対する深い感謝をあらわし、文武の安泰を祈願するための行幸であったと考えられ、滞在期間は十一日間に及んでいる。

穏やかな日々ではあったが、愛おしい孫に寄せる祖母の心配はなおも尽きない。念願であった即位は実現したが、持統としては文武を輔弼しながら、その後継についても配慮する必要があった。

六九七（文武元）年八月二十日、即位したばかりの十五歳の文武は、不比等の娘である宮子を「夫人《ぶにん》」に、紀竈門娘《きのかまどのいらつめ》・石川刀子娘《いしかわのとじのいらつめ》を「嬪《ひん》」に迎えている。

『続日本紀』はここで紀竈門娘・石川刀子娘を「妃」と記しているが、前に記されている宮子が「夫人」であるから、その後の二人は「嬪」の誤記であろう。また、七一三（和銅六）年十一月五日には、「石川・紀の二嬪の呼称を下して、嬪と称することが出来ないことにした」と記されていることからも「嬪」の誤記であったことが証される。

「夫人」も「嬪」も天皇に仕える女性であり、「夫人」の方が身分は高く、「夫人」の上が「妃」、その上が「皇后」である。文武は以後も「皇后」と「妃」を立てなかったため、「夫人」である宮子が最も高い身分とされた。

三人の女性の入内は、十五歳の文武が決定したものではない。文武の後継を配慮した持統、および、宮子の父である不比等の計らいであろう。

更に、持統は「後皇子尊」（高市皇子）の嫡子である長屋王には、「草壁皇子尊」の娘である吉備内親王を嫁がせている。文武の病弱な体質を考慮し、愛息である草壁の子孫を絶やさせないための、用心深い配慮であろう。

用心深さという点では藤原不比等も負けてはいない。長女の宮子を文武の夫人としながらも、次女の長娥子《ながこ》は長屋王に嫁がせている。長屋王に嫁いだ吉備内親王および長我子については、第六章（五）において論述するが、長屋王の結婚には重大な意義が秘められていた。

文武の夫人となった宮子には、七〇一（大宝元）年に首皇子（後の聖武天皇）が誕生し、翌七〇二（大宝二）年七月十一日、文武は吉野行幸をおこなっている。壬申の乱からちょうど三十年目にあたることから、おそらく持統も同行し、孫の文武と曾孫の首皇子の健康を祈願したことであろう。そして、この時が持統にとっては最後の吉野行幸となった。

文武の後継が誕生し、最後の吉野行幸をすませ、安堵したかのように、同年十二月二十二日、持統は五十八歳の生涯を閉じる。首《おびと》皇子が誕生したばかりであるため、文武の後継について心配されるところだが、この時点から、これまで持統の協力者として、影の存在であった不比等が、表舞台に登場し、政治の実権を掌握するための様々な策謀を展開することになるのである。

第六章　皇位継承の後見役

一　草薙剣と黒作懸佩刀《くろつくりかけはきのかたな》

六六八（天智七）年以降、宮中で保管されていた草薙剣は、天武天皇による歴史編纂事業にともない、皇位継承の正当性を証明するレガリア化が図られていた。それは壬申の乱に勝利し、政権を獲得した天武朝の正当性を証明する「神霊の宝剣」の具象化であった。

しかし、天武の病因占いの結果は、草薙剣が天武を死に至らしめる病因であるとしたのみならず、同時に、天武朝の正当性の否定をも意味した。そのため、草薙剣の意義は「神霊の宝剣」から、大友皇子の「怨霊の邪剣」へと変容させられてしまったのである。

天武の病因占いがおこなわれたのは六八六（朱鳥元）年六月十日、天武の最晩年である。この時点での正当性の否定は、重篤の天武にとり、死の宣告に匹敵するほどの衝撃であったに違いない。

草薙剣は即日、宮中から熱田神宮へ奉還されたのだが、この草薙剣のように皇位継承の象徴とされる剣が、「神璽の剣」として『日本書紀』に登場する。

六九〇（持統四）年一月一日には、

物部麻呂朝臣は大楯をたて、神祇伯中臣大嶋朝臣は天つ神の寿詞を読みあげた。終わって忌部宿祢色夫知が神璽の剣・鏡を皇后にたてまつり、皇后は皇位に即かれた。

とあり、剣と鏡がセットで皇位継承の神璽とされた初見記事がある。

この場合の剣は神璽であり、公的なものだが、実はこれとよく似た役割を果たす剣が他にも存在した。『寧楽遺文《ならいぶん》（中巻）』所収「東大寺献物帳」に記されている「黒作懸佩刀」がそれである。「東大寺献物帳」によれば、黒作懸佩刀は草壁皇太子が常に身に帯びていた刀である。草壁の薨去に際して藤原不比等に授与され、その後、文武天皇が即位した時、不比等によって献上された。更に、文武が崩御した時、再び不比等に伝授され、不比等が薨去した際には、首皇太子（後の聖武天皇）に献上されている。

この黒作懸佩刀について、上山春平『神々の体系』（中公新書）は、

草壁の佩刀が不比等に手渡されたとき、おそらく彼は持統の危機感を強く肌身に感じとったにちがいない。その刀が、死に臨んだ草壁の手から直接不比等に手渡されたのであったにせよ、持統か元明を介して手渡されたにせよ、その場に持統が立ち会って、彼女をとらえていたその深刻な危機感を、何らかの形で不比等に伝えたことだろう。そして、不比等は、その後、何らかの形で、その危機の打開に協力することになったのではあるまいか。持統朝における不比等の抜群の栄達、娘宮子

の入内等は、こうした協力のたまものだったのではあるまいか。元明の即位の詔に記された「改むまじき常典」のイデーは、この当時における持統と不比等の協力のうちに芽生えたのであったかもしれない。

とし、持統と不比等の皇位継承に関わる協力関係を、黒作懸佩刀と「改むまじき常典《つねののり》」（不改常典《ふかいじょうてん》）の役割を関連づけて解釈している。

土橋寛『持統天皇と藤原不比等』（中公新書）は、

草壁皇太子の佩刀を、持統女帝が不比等に委託したことは、皇位継承の後見役・監視役としての役割を不比等に負わせたということであり、不比等もこれを受諾して、持統崩御の後も、これを実行したということである。

草壁皇太子の佩刀が右に述べたように、天皇即位の時に授受される「神璽の剣鏡」に該当する、その私家版ともいうべきものであったということは、それが自然発生的なものでなく、持統天皇と不比等の間で取り交わされた盟約に基づくものであることを意味する。

と指摘し、黒作懸佩刀は草壁の薨去の時に、持統の意志により、不比等との盟約の証として賜与されたとする。

持統と不比等の盟約とは、草壁の嫡子である珂瑠皇子（後の文武天皇）の即位、更には、珂瑠皇子に続く草壁の血統による皇位継承の後見役、監視役の依頼と受諾の盟約であったと考えられる。

上田正昭『藤原不比等』（朝日新聞社）は、

草壁皇太子の薨日にさきだつこと約二ヵ月、持統称制三年二月二十六日には、さきにのべたように不比等は判事に任用され、時に三十一歳の壮齢である。草壁皇太子愛用の佩刀を賜与されるほどの信任を、そのころすでに、この藤原氏の後継者はかちえていたことになる。この黒作懸佩刀にかんする史料はその意味でも貴重である。

と指摘する。

不比等が判事に任用されたのは六八九（持統三）年二月、黒作懸佩刀を賜与されたのはその二カ月後である。この時点で、「草壁皇太子愛用の佩刀を賜与されるほどの信任を、そのころすでに、この藤原氏の後継者はかちえていた」のである。

問題は、これほどの信任を不比等が、いつ、どのようにして、持統から獲得したかである。長年の宿願である草壁の即位、更に、その子孫への皇位継承という重要な目的を達成するために、持統が心より信任して依頼できる協力者はそう簡単に見つかるものではない。

上山春平氏（『日本史探訪』3・角川書店）は、

不比等の父の鎌足は、持統の父の天智の腹心ですから、おそらく二人は意気投合するところがあったのではあるまいか。結局、不比等は政権が天武から持統に変わることによって、やっと政治家として水平線上に浮かび上がるチャンスをつかんだのではないかと、ぼくは見ています。

とし、持統と不比等の結びつきを父親同士の関係に遡って推測している。

梅原猛『海人と天皇』（朝日新聞社）は、

この不比等の活躍に先立つ藤原＝中臣氏のリーダーが中臣大嶋であり、大嶋は物部麻呂とともに持統朝で目立った活躍をする。先の即位儀式の中心的役割を果たすのは、どちらかというと近江朝の旧臣であり、壬申の乱の功績者でないことは、きわめて重視すべきことであろう。（中略）実は天武朝の終わりごろから、こういう近江朝の旧臣たちが持統帝の寵臣として活躍しはじめる。

と指摘する。そして、近江朝の旧臣たちが持統の寵臣として活躍する理由を、これは近江朝の旧臣には律令政治に精通している文化人が多く、飛鳥浄御原朝が文化的律令政治をおこなう限り彼らを登用せざるをえないことによる。またもう一つは後に述べるように、この持統朝において持統の最大の対立者は高市皇子であり、その壬申の乱の英雄高市皇子の勢力に対抗するために、近江朝の旧臣を登用せしめねばならないことにもよる。

と書く。

天武朝の晩年から持統は近江朝の旧臣と結びつきを強めるが、この傾向は持統朝に至っても継続する。その要因として梅原猛氏は、「律令政治を施行する上での必要性」と「壬申の乱の英雄である高市皇子との対抗上での必要性」の二点を指摘する。

天武朝における律令の編纂事業は、六八一（天武十）年二月二十五日からである。この編纂事業を通して律令政治に精通している近江朝の旧臣を登用せざるを得ないことは、梅原猛氏の指摘の通りであろう。

しかし、壬申の乱の英雄である高市皇子との対抗上で、近江朝の旧臣を登用したという指摘は首肯できない。なぜならば、近江朝の旧臣と持統が結びつきを強めた天武朝の晩年において、持統の最大の対立者は高市ではなく、大津皇子だったからである。持統が高市を尊重せざるを得ない理由については、すでに第五章（四）において論述した通りである。

愛息である草壁の即位を危うくする存在として、大津の存在は大きかった。また、その大津を天武が自らの後継者として推挙しようとする構想を、持統は危惧せざるを得なかったのである。このような時に、持統が天武朝の群臣ではなく近江朝の旧臣を頼り、その結びつきを強め、草壁の即位という宿願を達成しようとするのは至極当然の動きである。

持統は周囲の人々から時間をかけ、周到に協力者を選りすぐったであろう。目的を共有でき、権謀術数に優れ、しかも全幅の信頼を寄せられる人物でなければならない。そして、このような人物を見い出したとしても、相互に信頼関係を培うためには、更に時間が必要である。

したがって、持統と不比等が接点をもつと考えられる機会は、黒作懸佩刀が賜与され、皇位継承に関わる盟約が結ばれたと考えられる六八九（持統三）年四月、また、不比等が判事に抜擢された六八九（持統三）年二月より以前としなければならない。

逆に、そのような機会と時間があったからこそ、重要な課題を解決するための協力者として持統が不比等を選び、黒作懸佩刀を賜与するとともに、皇位継承に関わる盟約を結ぶことができたのである。また、不比等にとっても、そのような機会と時間が必要であり、持統との結びつきがもてる機会を願っていたと考えられる。

草壁を即位させようとする持統は、大津を抜擢しようとする天武の後継構想を否定する必要があった。このような持統にとって協力者となり得た不比等は、天武朝に対して否定的な立場であったと考えられる。

大和岩雄『古事記と天武天皇の謎』（六興出版）は、

不比等は壬申の乱のときは十四歳であるから、壬申の乱と不比等とは直接の関係はない。しかし、不比等が壬申の乱をどうみていたかは重要である。すくなくとも、壬申の乱の勝利者側に加担していたという証拠はない。ということは、中立か敗者の側にいたということである。父鎌足との関係からみても、天智・大友側に心情的に傾斜していたことは否定できまい。

とする。「父鎌足との関係からみても、天智・大友側に心情的に傾斜していた」不比等は、天武朝の正当性に否定的な立場となる。

上田正昭『藤原不比等』（朝日新聞社）は、

その第一は、壬申の大乱で、大海人皇子側に、鎌足の同族が参加した確かな様子はみうけられないことだ。近江朝廷の「右大臣」であった中臣連金は、「重罪八人」の「極刑」にあわせて、浅井の田根（滋賀県東浅井郡北部の田根郷）で斬殺され、その子も配流されている。中臣氏の壬申の乱における去就は、むしろ大友皇子支持派のほうにいちじるしい。

そして第二に、近江朝廷側を支援した近江の別将に田辺小隅がいる。彼は田中臣足麻呂の軍を撃破した勇将であったが、多臣品治の精兵に追撃されて敗走した。この田辺小隅と田辺大隅が同一の人物であったかどうかは断言できない。けれど、彼が少なくとも田辺史大隅の同族であったことはまちがいないだろう。

藤原不比等をとりまく状況には、鎌足の威光があったにもかかわらず、父なき後の趨勢に、不利な条件が介在している。彼が天武朝においてよりもつぎの持統女帝の朝廷のころより急速に頭角を現わすのは、たんに年齢だけの問題とはいえない事情があったのではないか。

とし、不比等が天武朝でまったく活躍しないのは、この近江朝の別将であった田辺小隅との関係が原因であったと見る。

このように、不比等は天武朝に否定的な立場であったと考えられ、そのため、天武朝においては活躍が見られず、「天武紀」には登場しない。不比等が自らの活躍の場を求めるためには、天武朝では見い出しがたく、天武朝を否定する必要があり、そのための機会を渇望していた。

このような時に、天武の後継問題が浮上した。六八一（天武十）年に草壁の立太子がおこなわれているから、天武の後継者は草壁のはずであった。ところが、六八三（天武十二）年二月、突如として大津が朝政に参与することになったため、朝廷内には天武の後継問題に関わって微妙な亀裂が生じ始めた。

天武朝に否定的であり、その正当性を否定することにより自らの飛躍の場を求めていた不比等が、この微妙な亀裂を見逃すはずがない。不比等は天武朝の正当性とともに、天武が推す後継者を否定し、自らの飛躍が約束される後継者を選択した上で、その後継実現のために尽力する必要があった。

このような状況下で、天武の病因占いがおこなわれた。天武朝の正当性を証明しようとする草薙剣が、天武の病因占いの場を通して、大友皇子の祟りを巧みに利用することによって、天武朝を否定する「怨霊の邪剣」へと変容させられてしまったのである。

そして、草薙剣は即刻、熱田神宮に奉還され、替わって「神霊の宝剣」の如き皇位継承のレガリアとされたのは、草壁皇太子が日常的に佩持していた黒作懸佩刀であった。持統の意図に基づいて不比等に賜与された黒作懸佩刀は、以後、文武への献上と不比等への賜与を経、更に、聖武へと献上された。まさに黒作懸佩刀は、「神璽の剣」に准ずる皇位継承のレガリアとなった。

したがって、皇位継承に関わって両者が結びつきをもつ始まりは、不比等が考案した「草薙剣の祟り」という巧妙な策謀を持統が採用し、ともに実行した天武の病因占いの時点であったと推察される。不比等は天武の病因占いを通し、天武朝の否定、後継に関わる天武の構想（大津皇子の抜擢）の否定に成功し、天武に替わって政権を代行することになった持統・草壁の信頼を獲得した。更に、草薙剣を宮中から排除し、これに替えて草壁の黒作懸佩刀を皇統のレガリアとすることに成功したのである。

（八七頁、図7）

中国の兵法書である『六韜《りくとう》』を諳んじるほどに、不比等は策謀に通じていた。その不比等にとって天武の病因占いの場は、権力の掌握に向かって邁進する絶好の機会であったと考えられる。

二　珂瑠皇子の即位

六九六（持統十）年七月十日、太政大臣の高市が薨去した時、草壁の嫡子である珂瑠皇子（後の文武天皇）は十四歳であった。そこで持統は、高市に替わる後継者を選定するため、王族・貴族・官人らを集めて協議をおこなった。

すでに第五章（四）でふれたように、持統としては、策謀によって刑死させた大津の祟りと、「吉野の盟約」違背による神々の天罰という二重の制約により、協議の表舞台に登場することはできなかった。そのため、天武の病因占いを通して信頼と協力関係をもち、黒作懸佩刀の賜与にともなって盟約を結んだ不比等に頼らざるを得なかったのである。不比等は天武朝では疎外され、栄進は望めなかった。しかし、草壁の血統による皇位継承の盟約を持統と結ぶことにより、栄進につながる機会を得る条件を手に入れた。珂瑠の立太子に関わる今回の協議も、その重要な一場面であったと言える。

不比等は、天智の後継であった大友の嫡子という葛野王の立場を十分に生かし、彼でなければ発言できない壬申の乱への批判を言わしめ、天武の皇子であり、草壁や高市の兄弟である諸皇子への後継を否定させた。その上で、草壁の嫡子への相続を主張させ、持統が願う珂瑠皇子への後継を決定づけたのである。

協議終了後、持統の喜びと安堵の気持ちは、葛野王に対して正四位、式部卿を授与するという形であらわされた。『懐風藻』には記されるはずもないが、この時おそらく、不比等にも大きな褒賞が授与されたに違いない。その褒賞とは、不比等の娘、宮子入内の密約である。

『続日本紀』によれば、六九七（文武元）年八月一日、持統から皇位を譲り受けた珂瑠皇太子は即位し、文武天皇となる。同じ月の二十日、十五歳の文武は不比等の娘、宮子を「夫人」に迎えている。宮子の入内は、文武の後継を配慮した持統、および、宮子の父である不比等の計らいであろう。

次に、不比等は文武の即位を実現させると同時に、「太上天皇」というまったく新しい統治権力の創設をおこなっている。日本が手本とした唐の律令には見られない「太上天皇」という規定を、文武に譲位した持統にあてはめ、「持統太上天皇」という新しい統治者の存在を生み出したのである。

『日本書紀』をしめくくる最後の記事は六九七（持統十一）年八月一日、「天皇は宮中での策を決定されて、皇太子に天皇の位をお譲りになった」である。この「宮中での策」とは太上天皇を新設し、隠然たる権勢を保持しつつ、文武との共治体制を確立することであったと考えられる。「大宝律令」および「養老律令」には太上天皇について規定がなされているが、これらの編纂の中心的な存在は不比等であったから、太上天皇の創出という「宮中での策」は不比等の智謀によると推測される。

律令に精通した不比等により、持統は若き文武を輔弼する立場を正式に与えられ、譲位した後も文武と共同して統治する新しい体制が整えられた。こうして、不比等は文武朝の実現と確立に多大な貢献をし、持統からはゆるぎない信頼を獲得してゆくのである。

天武天皇は六七九（天武八）年五月六日、鸕野皇后（後の持統女帝）とともに、草壁・大津・高市・河嶋・忍壁・芝基の六人の皇子を同伴し、「吉野の盟約」をおこなった。神々に対して盟約をしたにもかかわらず、その後、策謀によって大津を刑死に貶めた持統は、大津の祟りとともに、神々の天罰に苦悩する身となった。そのため、三十回以上にものぼる吉野行幸をくりかえしながら、滅罪と除災の行を修さなければならなかったのである。

持統は愛息である草壁を失ったものの、滅罪と除災の行をくりかえし、孫の珂瑠皇子の即位を実現させ、文武として皇位につかせることができた。そのため、持統にとって吉野における盟約は、単なる形式的な儀式としてではなく、不可侵の神聖な誓盟であると認めざるを得なかったであろう。

『続日本紀』によれば、七〇二（大宝二）年七月十一日、文武は前年二月に続き、二度目の吉野行幸をおこなっている。この年は文武の祖父である大海人皇子（後の天武天皇）が吉野から脱出し、王権の獲得を目指して挙兵した六七二年から、数えてちょうど三十年目にあたる。また、今回の吉野行幸がおこなわれた七月は、壬申の乱において最も激戦がおこなわれ、勝敗が決せられた月でもあった。

この条件から考えるならば、今回の吉野行幸は、文武の意志というよりは、むしろ持統の希望によって実行されたのではなかろうか。持統は孫たちを同伴しながら、一つの目的をもってこの行幸に臨んだことだろう。

持統の脳裏には、三十年前の大海人の英姿が彷彿と浮かんだに違いない。そしてその英姿を、天皇位を継いだばかりの文武に語り聞かせたことだろう。持統の語りかけに答えるかのように、文武は皇位継承について決意を新たにしたはずである。

若き文武は持統を頂点とする天武一族について思いをはせ、この王権が確立された原点に立ち返っていたことだろう。また、その確立を回顧しながら、自らの後継について、前年に誕生したばかりの首皇子（後の聖武天皇）への長嫡子相続を固く決意したであろう。

この年の十二月二十二日、持統は五十八歳の生涯を閉じる。自らの体力の衰微を感じ始めていた持統は、今回の行幸に文武とともに、誕生して一年を迎えた首皇子、文武の母の阿閇皇女（後の元明女帝）、姉の氷高《ひだか》皇女（後の元正女帝）、更には、宮子の父である不比等、その妻であり文武の乳母でもあった県犬養《あがたいぬかい》三千代も同行させたことだろう。

この時、不比等は首皇子の祖父であり、文武の義父という立場にあった。そして、持統からは絶大な信頼を獲得し、ともに協力しながら草壁嫡系への皇位継承を実現した存在でもあった。

持統と不比等、そして、文武、首皇子、阿閇皇女、氷高皇女、三千代が一堂に会したわけである。この場で、どのようなことが話題にされ、互いに確認し合い、誓盟し合ったかはもはや明かであろう。

その意味で、今回の吉野行幸は「後の吉野の盟約」の場であったと言える。持統が今回の行幸を希望し、実行した目的はここにある。だからこそ、この年、この月、この場所、この人々を選び、実行したのであろう。そして、「吉野の盟約」が天武の皇統継承を目的としたのに対し、「後の吉野の盟約」は草壁嫡系への皇位継承のためであったと言えるのではなかろうか。

『万葉集』（巻一―七五番）には、長屋王の「大行天皇（文武天皇）の吉野宮に幸せる時の歌」が掲載されている。

宇治間山朝風寒し旅にして
衣貸すべき妹もあらなくに

今回の行幸に同行していた長屋王が朝風を寒く感じたのは、衣を貸してくれる妻がいなかっただけではあるまい。「後皇子尊」と尊称された高市皇子の嫡子として、長屋王にも皇位継承の可能性はあった。この点については、本章（五）において論述するが、長屋王の立場を踏まえると、この吉野行幸は七月であっても、さぞかし朝風が寒く感じられたことだろう。

そして、長屋王とは対照的に、今回の行幸の場には不比等の存在が絶対に欠かせなかった。今は亡き草壁から黒作懸佩刀を拝受した不比等は、草壁・持統の願い通り、また相互の盟約通り、文武の即位を実現させ、黒作懸佩刀を正当な皇位継承の象徴として献上することができた。

更に、文武から首皇子へ、草壁嫡系へ皇位継承を実現させるために、不比等が後見役となることを、持統は自らの王権の発祥の地である吉野において、天地の神々に誓盟させたのであろう。

壬申の乱からちょうど三十年目の七月、自らの王権発祥の地でおこなわれた「後の吉野の盟約」は、後事を託し、権力の中枢から消えゆこうとする持統と、後見役を託され、権力の実権を一手に掌握しようとする不比等という、二人の巨頭が同居する場であったと思われる。

三　平城遷都の背景

『続日本紀』によれば、七〇四（慶雲元）年十一月二十日、

初めて藤原宮の地所を定めた。住宅が宮の敷地内に入った千五百五戸の人民に、身分などに応じて布を賜わった。

とあり、藤原宮の境域に関わる記事が見られる。

天武朝から始まった藤原京の造営は、持統朝を経て、文武朝の七〇四（慶雲元）年十一月二十日まで継続されていたことがわかる。したがって、その後に展開される遷都について、文武は七〇四（慶雲元）年十一月まで、その意志をもっていなかったと言える。

ところが、三年後の七〇七（慶雲四）年二月十九日、文武は突然、諸王および五位以上の諸臣に詔をくだし、遷都について審議させている。藤原京の造営が最終段階であったと考えられるから、文武は遷都の必要性を唐突に感取し、審議させたことになる。

その後、七一〇（和銅三）年三月十日、都は平城京に遷る。平城遷都の理由は、七〇八（和銅元）年

二月十五日の元明女帝の詔に示されている。しかし、文武が唐突に感取した遷都の理由が、元明の詔に示された理由と一致するとは限らない。なぜならば、詔には、

常に思うのは、「宮室をつくる者は苦労し、これに住まう者は楽をする」という言葉である。遷都のことは必ずしもまだ急がなくてよい。

とあり、元明は遷都に消極的な意向を表明しているからである。にもかかわらず遷都が実施されたのは、文武のみならず、王公大臣らも積極的に遷都を勧めたからであろう。

したがって、遷都に消極的な元明の意向と、藤原京の造営が最終段階に入っていたにもかかわらず、突然として詔をくだし、積極的に遷都について審議させた文武の意趣とは異なると推察される。

前記のように七〇四（慶雲元）年十一月二十日まで、文武は藤原宮の造営に取り組んでいた。そして、遷都について審議させたのは七〇七（慶雲四）年二月十九日であるから、文武が遷都の必要性を唐突に感取したのは、七〇四（慶雲元）年十一月から七〇七（慶雲四）年二月までの二年三カ月間のできごとに起因していると考えられる。

文武にとって藤原京は、祖父である天武が選地して造営を開始し、祖母である持統がそれを引き継ぎ、文武自身がようやく完成させようとした日本最初の本格的な宮都である。

このような経緯をもって完成間近であったにもかかわらず、またもや新たな遷都の必要性を文武は感取した。そして、諸王・諸臣を急遽、召集し、審議させているから、その必要性は文武にとってきわめて重大であったと推察される。

平城遷都については、多くの理由・見解が示されている。第一に、行政機構の整備・拡充にともない、藤原京が手狭になったため、新しい都に遷る必要が生じたという見解である。しかし、「大藤原京」が発掘されつつある現在、この見解は否定される傾向にある。

第二に、藤原京の都市汚染を指摘する見解である。日本初の本格的な宮都である藤原京には、自然の浄化力を越えたゴミや屎尿が生じ、汚染や疫病が発生する可能性が高かった。そのため、清潔な都への遷都が必要になったというものである。

第三に、藤原京の地理的条件に着目した見解である。藤原京は東南に丘陵が迫り、飛鳥川が西北に向かって流れているので、天皇が居住する宮の位置よりも、臣下が居住する京域の方が高所に位置することになってしまう。また、風水思想などの占断によれば、藤原京の南は空間的にゆとりがなく、宮都としては不適切な場所であるため、四禽の図にかなった平城の地に遷都する必要があったというものである。

第四として、国際交流の拠点である難波津と藤原京の間の交通の不便さが指摘されている。難波津に到着した人や物資は淀川から木津川、あるいは大和川を利用して運ばれるのだが、大和盆地の南部に位置する藤原京まではかなりの距離があり、より北方に位置する平城への遷都が必要であったという理由である。

第五に、新たな律令国家を建設しようとする新興勢力の藤原不比等が、旧勢力の地盤である飛鳥の地を嫌い、より遠く離れた平城に遷都しようとしたという見解である。また、七〇二（大宝二）年には遣唐使が再開されたが、彼らがもち帰った中国の最新情報により、新しい宮都への遷都が不比等を中心に進められたという。

他にも様々な見解が示されているが、これらの見解はみな現実的な条件や思惑に基づいた顕界的要因を究明しようとしたものである。しかし、ここでは本書の視点である冥界的要因について考察し、遷都の真相に迫ってみたい。

『続日本紀』によって七〇四（慶雲元）年十一月から七〇七（慶雲四）年二月までの二年三カ月間の社会的事象をたどると、特色として確認できるのは天変地異による飢饉と疫病の流行、それにともなう諸々の社会不安である。ややくりかえしになるが、その惨状の実態を抽出してみよう。

七〇四（慶雲元）年十二月二十日、太宰府から「この秋は大風が吹いて、樹木を根こそぎにし、稲に被害があった」と報告されている。また、同年夏、伊豆・伊賀で疫病が流行したため、医師・薬を与え、治療をさせている。

七〇五（慶雲二）年四月三日、文武は「朕は徳が薄い身でありながら、王公の上に位している。天を感動させるほどの徳もなく、人民に行きわたらせるほどの仁政もできない。そのため か陰陽の調和がくずれ、降雨と日照が適当でなく、穀物の作柄が悪く、人民は飢えに苦しんでいる。これを思うと心が痛む。五大寺に金光明経を読ませ、人民の苦しみを救わせたい。天下の国々に今年の出挙の利息を免除し、合わせて庸の半分を減らすように」詔をくだしている。

同年六月二十七日、太政官から「この頃、日照りが続き、田や園地の作物は葉が日焼けしてしまっています。長らく雨乞いをしても、恵みの雨が降りません。どうか京・畿のおこないの清らかな僧たちに、雨乞いをさせるとともに、南門を閉じて市の店を出すことを止め、慎みたいと思います」と奏上があり、文武天皇はこれを許可している。

同年七月二十九日、大倭国《やまとのくに》に大風が吹き、民家が損壊、八月一日には「陰陽の調和がくずれ、日照りが十日以上も続いている。人々は飢えに苦しみ、そのため罪を犯し法にふれる者もいる。そこで天下に大赦をおこない、人民とともに心を新たにしたい」と詔をし、大赦とともに物資の支給や諸国の調を半分免除している。また、十月二十六日には使者を五道に遣わし、物資の支給と調の半分免除を伝えさせている。

七〇六（慶雲三）年閏正月五日、京・畿内および紀伊、因幡、三河、駿河などの国で疫病が流行ったので、医師や薬を送って治療させ、正月二十日には天下に疫病が流行したため、神祇に祈禱をさせている。

同年二月十六日、河内・摂津・出雲・安芸・紀伊・讃岐・伊予の七カ国に飢饉があったので物資を支給し、二月二十六日、京および畿内で盗賊が盛んに発生したため、強くて働きのよい人を選んで、ことごとく盗賊を捕らえさせている。

同年四月二十九日、河内・出雲・備前・安芸・淡路・讃岐・伊予の諸国が飢饉で疫病に苦しんだので物資を支給し、七月二十四日には、丹波・但馬・大倭国で山火事が発生した。七月二十八日、太宰府から日照りと大風の報告があり、八月三日には越前で山火事が発生している。

また、この年、全国で疫病が流行り、人民が多く死んだので、初めて土牛を作って追儺《ついな》の行事をおこない、七〇七（慶雲四）年二月六日にも、諸国で疫病が流行ったため、使者を遣わして臨時の大祓いをおこなわせている。

社会状況については右の通りだが、不安定であったのはそれのみでなく、文武天皇自身の健康状態もおもわしくはなかった。元明女帝の即位の詔によれば、文武は七〇六（慶雲三）年十一月、「自分は病んでいるので、暇を得て治療をしたい」と元明に譲位の意を伝えている。そして、七〇七（慶雲四）年六月十五日、二十五歳の若さで崩御するのである。

このような社会状況と自らの健康状態の中で、文武は遷都の必要性を感じ、審議するよう詔をくだしている。飢饉や疫病が流行し、社会不安をくりかえす社会状況と悪化がすすむ健康状態を考慮するならば、もはや文武の遷都の理由・目的は明かである。

「人民とともに心を新たにしたい」からであり、不安定な社会状況と自らの健康状態の好転を強く望んだからである。そのため、天武が造営を開始し、持統がその後を継ぎ、文武自らが完成させようとした藤原京であるにもかかわらず、止むを得ずして遷都について審議する詔をくだしたのであろう。

次に、元明が遷都に消極的であったにもかかわらず、王公大臣の中心人物として、藤原不比等が遷都を強力に推進し実現したのはなぜだろうか。実は、不比等の場合も文武天皇と共通する状況が確認できるのであり、冥界的要因からの考察が、どうしても必要となる。

ここで、「天武天皇の病因占い」について、再度、想起していただきたいことがある。それは、発病によって天武を苦しませ、死に至らしめた原因は「草薙剣の祟り」である、と政府が編纂した歴史書『日本書紀』に明記されている点である。

そして、発病と死の原因である「祟り」の鎮伏除災を目的として改元を実施し、大赦をおこなって神々に救済を求める記事が続く。また、造寺造仏や読経を励行するとともに、浄人を出家させて仏に加護を祈る記事が、くりかえし正史の『日本書紀』に記述されている。

発病と死の原因は様々だが、その中には「祟り」が含まれる、と政府編纂の『日本書紀』は記している。われわれには理解しがたいが、これが古代の公式見解であり、冥界的要因は不可欠な一視点である、と確認した上で、話を不比等にもどそう。

急遽、遷都が必要となった二年三カ月の間、きわめて不安定な社会状況が生ずるとともに、文武は発病をくりかえし、譲位後まもなく崩御した。病弱のまま二十八歳で早世した草壁、同じく二十五歳で早世した文武、この父子がくりかえした闘病の姿と早世を目にした不比等は、どのように受け止めたであろうか。

二人の早世の病因は、やはり「祟り」と受けとめざるを得なかっただろう。問題は、誰の「祟り」として二人の早世を見、自らの滅罪を不比等が意識したかである。持統女帝の場合は、草壁の発病と死に対し、自らの行為を振り返ることを通して、策謀によって刑死に貶めた大津の祟りと、「吉野の盟約」に違背したために神々からくだされた天罰を意識した。

「吉野の盟約」に同座していない不比等としては、神々に対して天罰を意識する必要はない。しかし、持統とともに自らも関与した大津の謀反事件については、滅罪を意識せざるを得なかったのではないだろうか。

平城遷都の詔がくだされたのは七〇八（和銅元）年二月十五日、遷都がおこなわれたのは七一〇（和銅元）年三月十日である。未だ完成にはほど遠い状態の新都に、急いで遷都がおこなわれ、最も早く建立された寺は興福寺であった。

『興福寺流記』によれば、七一〇（和銅元）年に不比等が厩坂寺《うまやさかでら》を平城京左京三条七坊の春日の勝地に移し、興福寺と称したとある（東京国立博物館デジタルライブラリー L0254458, L0254463 参照）。以後、藤原氏の氏寺として、また、皇室からも厚い保護を受け、四大寺の一つに加えられ、更に後世には仏教のみならず、政界にも大きな勢力をもつようになる。

工事を推進しようとする詔がくりかえしくだされているから、平城京の造営が順調に進まなかったことは明らかだが、そのような平城京に不比等は急いで興福寺を建立させた。いったい、どのような理由・目的で、不比等は興福寺の建立を急がねばならなかったのであろうか。

その興福寺だが、本来は山階寺《やましなでら》と言った。『興福寺縁起』によれば、藤原鎌足は政権をほしいままにしていた蘇我蝦夷・入鹿父子の誅滅を企て、丈六の釈迦像と脇侍の菩薩像を造り、四天王寺において祈願をおこなったという。鎌足の祈願はみごとに成就し、蘇我氏（本宗家）は滅亡する。

その後、六六九（天智八）年十月、鎌足が病気になったため、妻の鏡女王は鎌足が造った釈迦像と菩薩像を安置して、山階に寺を建立した。この山階寺は藤原遷都によって厩坂《うまやさか》に移され厩坂寺と改称し、更に平城遷都により春日の地に移って興福寺となった。

ここで注目したい点は、鎌足の妻である鏡女王が山階寺を建立した目的である。『日本書紀』によれば、鎌足は六六九（天智八）年十月十六日に薨去している。しかし、その五カ月前の五月五日には、天智天皇や大海人皇子（後の天武天皇）らとともに山科野で狩猟をおこなっているから、この時点で鎌足の体調はきわめて健康であったと言える。

健康な鎌足が急に発病し、薨去したのは異常である。この異常な鎌足の発病と死を、鏡女王はどのように受け止めたであろうか。『日本書紀』は同年秋、「藤原内大臣（鎌足）の家に落雷があった」と記している。秋と言えば鎌足が発病した頃であり、「鎌足の発病と急死は落雷とともにやってきた」と『日本書紀』は暗示している。

古代において、「祟り」と「雷」は切り離せない関係をもっていた。そのため、鏡女王はこの落雷を、鎌足によって滅ぼされた蘇我蝦夷・入鹿父子の祟りと判断したに違いない。

鎌足は中大兄皇子（後の天智天皇）とともに、政権を専横していた蘇我蝦夷・入鹿父子を策謀によって誅滅した。六四五（大化元）年六月十二日、三韓からの調貢に合わせ、鎌足らは大極殿において入鹿を斬殺した。「私に、いったい何の罪があるのか、そのわけを言え」と絶叫しながら落命した入鹿の姿が、『日本書紀』には記されている。

報告を受けた蘇我蝦夷もまた自家に火を放って自害したのだが、このような蝦夷・入鹿父子の死は、怨念をいだきながらの憤死であり、祟りに結びつく死であった。そのため鏡女王は鎌足が造った釈迦像と菩薩像を祀り、その加護にすがったのである。釈迦像と菩薩像は鎌足が祈願した蘇我父子の誅滅を成就させた仏であるから、鎌足の病因である蘇我父子の祟りを鎮伏させるには、最も適した仏である、と鏡女王は判断したのであろう。

このように、興福寺の起源となる山階寺は、蘇我蝦夷・入鹿父子の怨霊を鎮魂し、鎌足の病因である祟りを鎮伏させる目的で建立された寺なのである。そして、興福寺の起源が鎌足の病因である蘇我父子の祟りを鎮伏するためであったならば、未完成の平城京にいち早く興福寺を建立した理由・目的についても、不比等自身の健康状態という視点から考察する必要がある。

『続日本紀』七五七（天平宝字元）年に記された藤原仲麻呂の言葉によると、興福寺の主要な行事である維摩会《ゆいまえ》は、鎌足が始めたものであったという。鎌足が山階の邸宅で発病した際、百済の法明尼《ほうみょうに》が維《ゆい》摩経《まきょう》を転読すると病が平癒した。そのため、六五八（斉明四）年、鎌足は山階の邸宅を寺とし、元興寺の呉僧福亮《ふくりゅう》を招いて維摩経を講説させた。これが維摩会の始まりであったという。

『興福寺縁起』には、七〇五（慶雲二）年に不比等が発病し、その原因は父の意志を継がず、仏教を重んじなかったためであると書かれている。そして、以後は厚く三宝を敬い、衆僧を供養することを約束し、維摩会を再開したところ、不比等の病気は治ったと記している。

興福寺の縁起であるから、病因を仏法軽視とし、三法尊重の約束をもって病気平癒に帰す、とする内容になっているのは当然と言える。しかし、興福寺の始まりの山階寺が蘇我父子の祟りによる鎌足の病気平癒が目的だったこと、また、興福寺の伝統行事である維摩会も病気平癒に関わって始められたことを踏まえると、維摩会が七〇五（慶雲二）年という年に、不比等の病気平癒を目的に再開された点は注目される。

『公卿補任』には七〇五（慶雲二）年五月、発病した不比等のために、文武天皇が病気平癒を願って布四百端、米八十石を京内諸寺に施入したと記されている。更に、『二中暦』に引用されている『淡海公伝』「逸文」によれば、七〇六（慶雲三）年十月、不比等が再び発病したため、宮城の東第において病気平癒を願い、十日から十六日（鎌足の命日）まで維摩会をおこなったという。

このように、文武が遷都の必要性を唐突に感取した七〇四（慶雲元）年から七〇七（慶雲四）年までの間に、不比等もまた文武と同様にくりかえし病に苦しめられ、仏の加護にすがっていたのである。不比等は持統女帝（当時は鵜野皇后）とともに、策謀を用いて草壁のライバルであった大津皇子を、謀反という罪で刑死に貶めた。大津は怨念をいだいての憤死であったから、蘇我蝦夷・入鹿の怨霊に祟られた鎌足と同様、不比等もまた大津の怨霊によって、祟りを受ける立場にあったと言える。

更に、不比等は二十八歳の草壁の早世と、二十五歳の文武がくりかえし発病し、衰弱する姿を目のあたりにしている。大津を謀反の罪で刑死させた不比等にとり、社会不安と文武の発病が連続する中、時を同じくして自らもくりかえし発病したのであるから、大津の祟りを意識せずにはいられなかったはずである。

大津の祟りを意識した不比等は、大津の怨霊が蔓延している藤原京から早急に離れることを目指した。そして、新たな宮都に大津の祟りを鎮魂し、自らの無病息災と延命長寿を祈願するため、いち早く興福寺を建立したのである。

不比等はまた、文武の嫡子である首皇子（後の聖武天皇）のために、薬師寺を平城の地に建立し、仏の加護によって大津の祟りを鎮魂しようとした。ただ、『薬師寺縁起』にあるように、草壁に依り憑いた大津の怨霊を、大津の師の義淵《ぎえん》が金堂を建立して鎮魂したため、これを移建するわけにはいかなかった。そこで、藤原京の薬師寺はそのままに残し、まったく同じ伽藍配置で平城京に薬師寺を新築したのである。

更に、不比等は父である鎌足に崇りをなした蘇我蝦夷・入鹿父子の怨霊を、新都において鎮魂することも忘れてはいなかった。蘇我氏の氏寺であった法興寺を興福寺の南面に移建し、元興寺と改名して藤原氏の繁栄を祈願したのである。

これらの寺に大安寺（大官大寺）を加えた四寺は、後に四大寺と言われて尊重される。本来、藤原京における四大寺は大官大寺・薬師寺・法興寺・川原寺であった。この四大寺が遷都によって平城に都が移転すると、大安寺（大官大寺）・薬師寺・元興寺（法興寺）・興福寺が四大寺となる。

ここで、川原寺が興福寺と入れ替わっている点を取り上げ、不比等が遷都によって国家四大寺の中に、強引に自己の氏寺である興福寺を取り込むことを目的にしていた、と梅原猛『隠された十字架』（新潮文庫）は指摘している。

しかし、川原寺は天智天皇が母帝である斉明女帝への追善のため、斉明崩御後に川原宮に建立した寺である。そのため、河原の地を離れ、平城京に移建する必要性はなかった。また、興福寺はあくまで藤原氏の氏寺であり、私寺であった。その私寺である興福寺が官大寺とされた始まりは、不比等の娘の光明子が聖武天皇の皇后となり、祈願寺とした頃からである。

したがって、不比等が平城京に移した時の興福寺は、あくまで不比等自身の病因と考えられた大津皇子の祟りを鎮伏するための寺であったと推測される。

興福寺という精神的な安息所があったればこそ、不比等は祟りから解放され、生来の優れた能力をいかんなく発揮し得たのである。その結果として、大化改新以来の国家的な課題を解決し、平城京を首都とした中央集権国家を建設したり、大宝律令に基づいた法治国家を完成させたりという華々しい偉業を達成したのである。

このように、藤原京が完成間近の時期に、急遽、平城京へと遷都がおこなわれた背景には、自ら詔をくだし、積極的に遷都を審議させた文武の意図と、王公大臣の中心となり、積極的に遷都を推進した不比等の意図が存在した。

そして、文武と不比等の遷都に対する意図は、連続して発生する天災や疫病などによる社会不安と、発病による自らの健康不安から生じたという点で共通する。更に、二人が唐突に感取した共通の冥界的要因は、大津皇子の祟りであったと考えられる。

四　不改常典の創出

持統女帝と藤原不比等の協力関係は、天武天皇の病因占いから始まり、黒作懸佩刀の授与と献上によってより強固となり、珂瑠皇子（後の文武天皇）への皇位継承を実現させ、その正当性を証明させた。その後、持統の崩御により、文武の後継については、不比等の強い影響下において展開することになる。不比等は文武の義父として、また大宝年間に入る頃には、大納言、正三位という地位につき、すでに政権を掌握する実力者となっていた。

持統が崩御した翌年、七〇三（大宝三）年正月二十日には、文武の輔弼者として、天武の皇子である忍壁（刑部）皇子が知太政官事に任命された。持統朝において完全に疎外され、冷遇されていた忍壁が、再び政権の中枢に任命された背景には、不比等による推挙があったと考えられる。

忍壁は不比等とともに、大宝律令の撰定に携わっており、二人は近しい関係にあった。忍壁としてはようやく政権中枢への復帰がかない、自らを抜擢してくれた不比等に感謝せざるを得なかったであろう。

一方、不比等にしてみれば、冷遇されていた忍壁を知太政官事に抜擢し、優遇することにより、天武の皇子の中で当時においては最長老の重鎮であった忍壁を、自らの側に取り込む結果となる。これは天武の皇子たちを制御するとともに、不比等より年長である右大臣阿倍御主人や大納言石上（物部）麻呂らを抑える有効な手段でもあった。

不比等が忍壁を任命した「知太政官事」は、それまでにないまったく新しい官職であり、「太政官の事を知らしむ」との意味から、天皇を補弼するという名目で新設された名誉職であろう。太政大臣の職封が三千戸であったのに対し、知太政官事は二百戸であることからも、有名無実の職であったと考えられる。したがって、かつて大友皇子や高市皇子が任命された皇位継承権をもつ太政大臣とは異なる。また、皇位継承権をもたないからこそ、天武天皇の皇子を任命できたのである。

このように、皇位継承権をともなわない知太政官事という新しい官職の創設、および、その官職に天武の皇子を任命したあたりは、律令に通じた策謀家としての不比等ならではの配慮であったと言える。

それでは、知太政官事に任命された忍壁に皇位継承権がないとするならば、文武天皇の後継について、不比等はどのような構想をもっていたのであろうか。

文武は持統や不比等らが大きな危機を克服して即位を実現させた天皇であり、また、娘の宮子が首皇子をもうけていただけに、早すぎる崩御は、不比等にとって大きな衝撃であったに違いない。

文武が崩御した七〇七（慶雲四）年、嫡子の首皇子（後の聖武天皇）は七歳であり、後継はまだ困難である。これに対し、天武の有力な皇子たちはいまだ健在であった。これら天武の皇子が文武の後継者に選定されたならば、不比等がもくろむ首皇子への皇位継承は可能性を失う。

同様の危機的状況は、草壁の早世にともなう持統女帝（当時は鵜野皇后）の場合にも生じた。しかし、天武とともに長らく政治に関与してきた実績と、皇后という立場を生かし、自ら即位して天皇となった持統は、危機を克服して孫の珂瑠皇子への皇位継承を実現させた。しかし、文武崩御の時点において、すでに持統の存在はなく、不比等ひとりの肩に危機克服の重責がのしかかったと言える。

文武の妻、宮子は皇后ではなく夫人であり、まして不比等自らの娘であるから、持統のように、中継ぎの役割を果たすのは不可能であった。そこで不比等は、天智天皇の皇女であり、草壁の妻、文武の母でもある阿閇皇女に着目した。だが、阿閇にしても皇女であって皇后ではなく、実現させるには前例のないきわめて困難な即位であった。

阿閇の即位、そして、首皇子への皇位継承を実現させるため、不比等は文武が崩御する直前、急遽、この二人の地位を間接的に向上させようとした。直接的にこれを実施しようとすれば、長屋王などから反対されることは明らかであったからである。

七〇七（慶雲四）年四月十三日、日並知皇子尊《ひなみしのみこのみこと》（草壁皇太子）が薨去した日を「国忌《くにいみ》」に加えている。国忌とは先の天皇が崩御した忌日を指し、前例としては七〇二（大宝二）年十二月二日、「九月九日と十二月三日を天武天皇と天智天皇の国忌とする」という勅がくだされている。

草壁は即位せずに薨去したため、本来ならば国忌に加えられることはない。にもかかわらず草壁が国忌に加えられたのは、草壁を尊重するとともに、その正妻である阿閇の地位を間接的に高めようとする不比等の意図があったからである。

それまでの女帝である推古、皇極（重祚して斉明）、持統は、すべて皇后に立った経歴をもつ。しかし、阿閇は天皇位につかなかった草壁の正妻であるから皇后に立ってはいない。その阿閇の即位を実現するため、不比等は草壁を国忌に加え、「准天皇」として位置づけることにより、その正妻である阿閇にも「准皇后」としての権威づけをおこない、周知させようとしたのである。

次に不比等がおこなったのは、首皇子の出生に関わる権威づけである。首皇子は文武の嫡子であるから、その必要はないように思われるが、生母は宮子であり、文武の夫人であって皇后ではない。更に、宮子は皇女でもなく、臣下の不比等の娘であった。そのため、より確実に首皇子に皇位を継承させるためには、生母である宮子の家格的権威を高める必要があった。

草壁の忌日が国忌に加えられた日の翌々日、同年四月十五日、次の詔がくだされる。

天皇が詔であるとして言われるには、汝藤原朝臣（不比等）の、天皇にお仕えする有様は、今だけのことではない。口に出して言うのも恐れ多い天皇（天武・持統）の代々にお仕えし、今また朕の大臣として、明るく浄い心をもって、朕を助け仕えていることの重大で御苦労なことと思う心があるので、功章をしようとしばらくうかがい見ていると、不都合を避けしのんでいるのに似てきて、そのことを常々気の毒で重大なことと思っていると仰せられる。また難波の大宮にあって天下を統治された、申すのも恐れ多い天皇（孝徳天皇）は、汝の父藤原大臣（鎌足）の仕えた様子を、建内《たけのうちの》宿禰《すくね》がお仕えしたのと同じであると仰せられて、地位をあげ物などを賜った。そこで禄令にのせられたことを例として、令の規定のままに、末永く今より代々に与えてゆくものとして、食封《じきふ》五千戸を与えると仰せられるお言葉を、みな承れと申し聞かせる。

個人的な功封の詔は他にも見られるが、「食封五千戸」の賜与は異例である。実際には、辞退した不比等に対して二千戸の食封が賜与されたのだが、上山春平『神々の体系――深層文化の試掘――』（中公新書）によれば、

二千戸といえば、当時の一郷が約五十戸から成っていたので、四十郷分にあたり、たとえば当時の大和の国は八十五郷から成っていたので、その約半分にあたることになり、もし五千戸全部を受けておれば、百郷分にあたり、大和一国をはるかに上回る規模の巨大な贈りものになっていたはずである。

という。二千戸の食封としても、それが子孫に永世にわたって相承されることも異例である。

この詔の目的は、私欲をもたない忠臣として不比等を広く宣伝するとともに、藤原氏が比類なき氏族であり、后妃輩出の家格に准ずることを周知徹底させるためであったと考えられる。

詔に見られる武内宿禰は、景行・成務・仲哀・応神・仁徳の五朝に仕えた伝説的な忠臣であり、蘇我・葛城・紀・巨勢・平群など二十七氏の祖先とされる。その武内宿禰と鎌足を詔の中で並立させることにより、四世紀から六世紀にかけて皇妃を輩出した古豪の諸氏に対して、新興の藤原氏を同列の家格に高めようとしている。また、武内宿禰と鎌足の二人に不比等を重複させているが、これは不比等が他の臣下に比して等しからざることを宣伝させるものであろう。

このように、異例の詔の背景には、他の臣下を超越した特権的地位に藤原氏と不比等を位置づけ、また、皇妃を輩出した古豪諸氏に比肩させることにより、首皇子の生母である宮子の家格的な権威を向上させようとする意図があったと推測される。

こうして、阿閇の即位と首皇子への皇位継承を実現しようとする不比等は、次に文武の「遺詔」を活用し、阿閇の即位を正当化する。阿閇が即位し、元明女帝となった七〇七（慶雲四）年七月十七日の詔には、次のように記されている。

（前略）このようにお仕えしてきたのに、去年十一月、恐れ多いことであるが、わが大君であり、わが子でもある天皇（文武天皇）が、仰せられるのは、「自分は病んでいるので、暇を得て治療をしたい。この天つ日嗣の位は、大命（自分の詔）にしたがって、母上が天皇としておつきになり、お治めになるべきである」と、お譲りになられる言葉をうけたまわり、答え申し上げたことは、「私はその任に堪えられません」と辞退しているうちに、度重ねてお譲りになるので、お気の毒でもあり恐れ多いので、今年の六月十五日、御命令をお受けしますと申し上げ、そのとおりにこの重大な位を継ぐのであるが、このことを天地の神々は心を労し、重大に考えられることであろうと、畏れ多く思っている、と宣べられるお言葉を皆うけたまわれと申しのべる。(後略)

文武がこのような内容の「大命」を、母の元明に遺したとなれば、その即位の正当性はきわめて明確となる。加えて詔には、「持統女帝は、天下を治めていく業を、孫の文武天皇に授け、二人ならんで天下を治め、調和させた」ことも記されている。これは、元明から孫の首皇子(後の聖武天皇)への皇位継承を重複させ、正当化しようとするものであった。

更に、周到な不比等は律令に精通した能力を発揮し、最後の仕上げとして、元明の即位の詔に「不改常典」という皇位継承に関わるまったく新しい法典を創出する。

元明の即位の詔には、

(前略)持統女帝が草壁皇太子の嫡子の文武天皇に皇位を譲ったのは、天智天皇が定めた「不改常典」にしたがったのである。(中略)このようなわけだから、廷臣たちは誠実に勤勉に私をたすけて欲しい。みんなの協力がなければ、国家統治の大任を無事に果たすことはできないだろうし、天智天皇が定めた「不改常典」をゆがめることなく伝えてゆくことはできないだろう。

と記されている。

ここに見られる「不改常典」の目的は、元明の即位の正当性を強調するものであり、「持統女帝（母）が草壁皇太子（子）の嫡子の文武天皇（孫）に皇位を譲った」ことの正当性を、天智天皇に仮託して主張したものである。

『続日本紀』養老三（七一九）年十月十七日の詔には、

国が初めて出来た時からこの方、法令のあることは久しい。君臣の地位を定めて世は運ばれてきた。中古に及ぶまでそのように行われてきたが、まだ整った法文にあらわすまでには至らなかった。降って近江の世（天智朝）になって、寛厳それぞれの法令が備わり、藤原朝（文武朝）に大いに条文の増減があったが、その後いろいろ改めて恒久の法令ができた。（後略）」

とある。

したがって、天智天皇を「不改常典」の制定者とした理由は、天智が律令を初めて整備した天皇であるとの認識が当時において肯定されていたからであり、その輔弼にあたっていたのが不比等の父である鎌足であったからであろう。

また、『続日本紀』七六六（天平神護二）年正月八日の記述に見られる「志乃比己止乃書《しのびごとのふみ》」も注目される。この「志乃比己止乃書」は藤原永手が右大臣に任命された際、称徳女帝からくだされた勅に記されている。その実態は明らかでないが、天智から鎌足と不比等に伝えられた書であり、藤原氏が子々孫々にわたって浄く明き心を持ちながら天皇家と連帯していくことを密約した証であったと推測できる内容である。

この「不改常典」の創出においても、不比等は天武天皇を否定する立場をとっている。草壁は天武と持統の皇子だから、天武の存在を尊重してもよいはずだが、不比等は天武を否定することによって活躍の場を得た人物である。

すでに本章（一）において指摘したが、不比等は近江朝を武力によって打倒した天武朝を「草薙剣の祟り」を利用して否定し、草壁の黒作懸佩刀を利用して私的な「宝璽の神剣」を創出した。

更に不比等は、天智に仮託した「不改常典」を創出し、草壁を創始とする「皇位継承の原理」の具現を目指したのである。そして、持統（祖母）から文武（孫）へ皇位が継承された正当性を、元明（祖母）の詔において公表し、文武の嫡子である首皇子（孫）へと皇位継承する「皇統の正統性」を主張しようとした。

そのため、元明は自らが中継ぎの役目をもつことを宣言し、廷臣たちに対し、「誠実に勤勉に私をたすけて欲しい。みんなの協力がなければ、国家統治の大任を無事に果たすことはできないだろうし、天智天皇が定めた「不改常典」をゆがめることなく伝えてゆくことはできないだろう」と宣しているのである。

こうして不比等が創出した「不改常典」は、以後の皇位継承を正当化する権威となる。更に不比等は、「不改常典」を天孫降臨神話における「天壌無窮の神勅」に重複させ、自ら創出した草壁を創始とする「皇位継承の原理」を具象化しようとするのである。

すでに、上山春平（前掲書）は、

> ここまで考察を進めてくれば、『日本書紀』巻第二の天孫降臨神話の冒頭に、「天照大神の子、正哉吾勝勝速日天忍穂耳《あまのおしほみみ》尊、高皇産霊《かみむすび》尊の女、栲幡千千姫《たくはたちぢひめ》を娶《ま》きたまひて、天津彦彦火瓊瓊杵《ににぎ》尊を生《あ》れます。故、皇祖高皇産霊《たかみむすび》尊、特に憐愛を鍾《あつ》めて、崇《かた》て養《ひだ》したまふ。遂に皇孫天津彦彦火瓊瓊杵《ににぎ》尊を立てて、葦原中国の主とせむと欲す。」とあるあたりが、何となく、七世紀末から八世紀初頭にかけての大和朝廷の政情を、神代の高天の原に投影したような印象にとらえられざるをえなくなるであろう。そこには、地上と天上のあいだに、ほぼつぎのような対応が想定されよう。

とし、次のような対応関係を示している。

天上	地上
アマテラス	元明
タカミムスビ	不比等
アメノオシホミミ	文武
タクハタチヂヒメ	宮子
ニニギ	首皇子（聖武）

また、続いて、

しかし、神話というものは、本来、このように、地上の出来事と一対一の対応をさせてよむべきものではなく、むしろ天上の一つの出来事を地上の多くの出来事と対応させてよむことのできるような一種の抽象化もしくは普遍化を加えられたイメージゆたかな概念体系である。したがって、右に示された一組の神々について、たとえば、アマテラスに持統、アメノオシホミミに草壁、タクハタチヂヒメに元明、ニニギに文武を対応させることもゆるされよう。

(図 15)

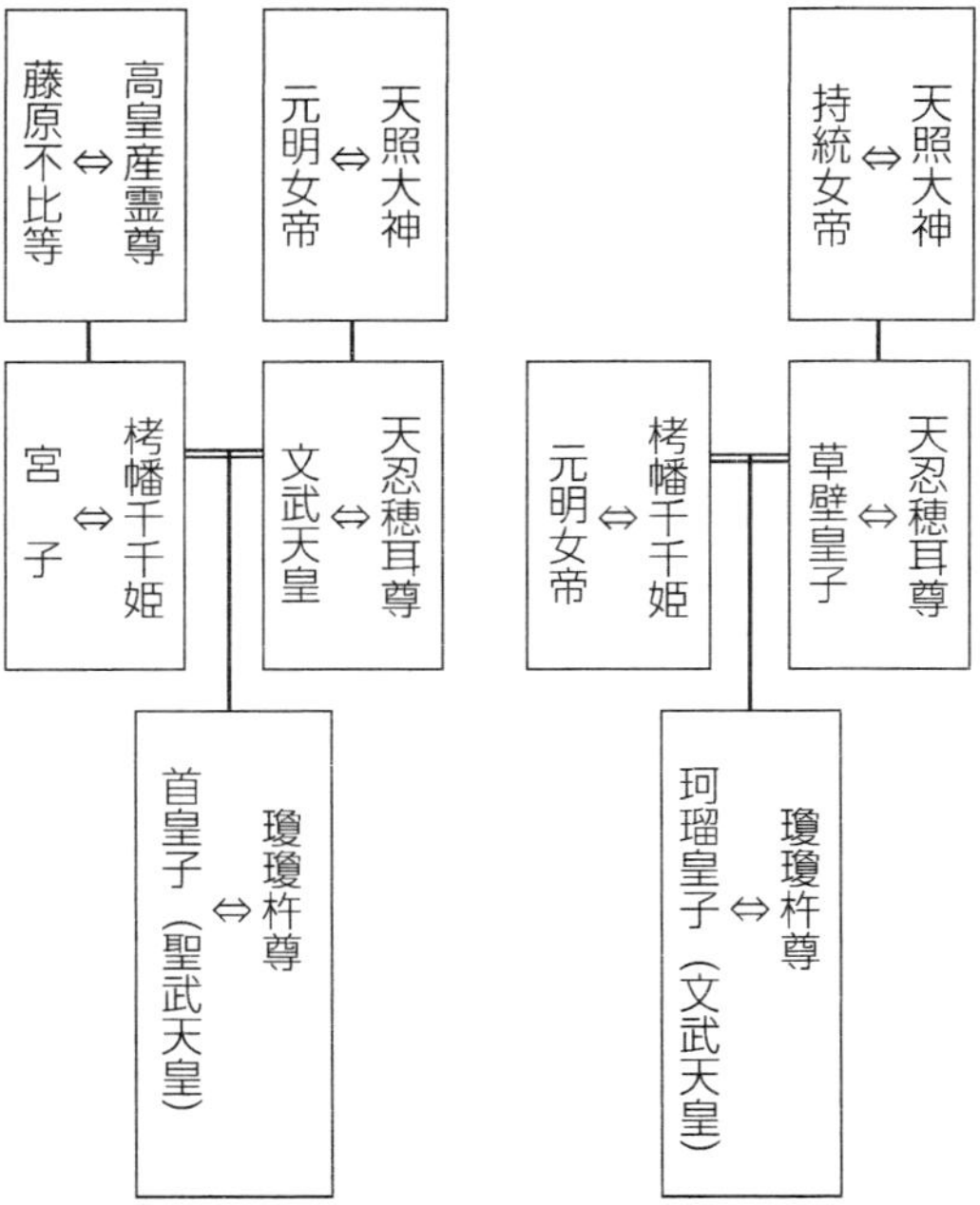

とも書いている。

まさに卓見である。天津彦彦火瓊瓊杵尊《あまつひこひこほのににぎのみこと》(以下「瓊瓊杵尊」)の天孫降臨における天照大神の役割は、珂瑠皇子(後の文武天皇)の即位に果たす持統の役割、また、首皇子(後の聖武天皇)の即位に果たす元明の役割に、みごとに重複している。更に、珂瑠皇子と首皇子の後見役となり、その即位を実現させた不比等は、瓊瓊杵尊の祖父にあたる高皇産霊尊《たかみむすひのみこと》に重複する。(図15)

上山春平氏は加えて、『日本書紀』巻第二の「本文」と、これに対応する「第一の一書」を比較し、「本文」が高皇産霊尊を主役としているのに対し、「第一の一書」は天照大神を主役としている違いを指摘する。そして、天照大神が孫の瓊瓊杵尊に与

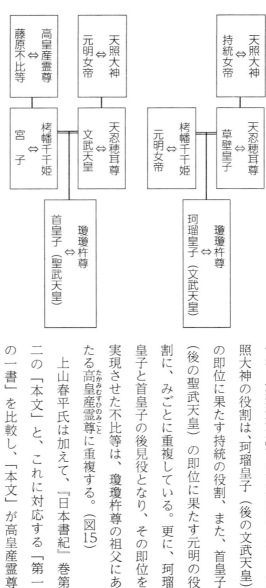

える「天壌無窮の神勅」と、元明の即位の詔に見られる「不改常典」の趣旨が重複する点を明らかにしている。

ただ、上山春平氏は、「天壌無窮の神勅」に重複する「不改常典」の生みの親が不比等であるという見地をとりながら、「不改常典」と重複する「天壌無窮の神勅」が、天照大神が主役の「第一の一書」に記されている意義にはふれていない。

「不改常典」を創出した不比等、その不比等に重複するのは高皇産霊尊なのだから、「不改常典」が重複する「天壌無窮の神勅」は、当然、高皇産霊尊が主役である「本文」にこそ記されてしかるべきであろう。

上山春平氏は天孫降臨神話について、高皇産霊尊や天照大神が皇孫の瓊瓊杵尊を降臨させたことに注目している。そして、天照大神と瓊瓊杵尊の関係を重視し、女帝（持統や元明）と皇孫（珂瑠や首）の関係に重複させている。

確かに、持統は孫の珂瑠に、元明は同じく孫の首に、皇位が継承されることを強く願っていた。また、不比等も両女帝と結んだ盟約を達成すべく、「天壌無窮の神勅」に重複する形で「不改常典」を創出したのであろう。

しかし、「天壌無窮の神勅」と「不改常典」の重複に関するならば、むしろ注目すべきは、高皇産霊尊が娘の栲幡千千姫《たくはたちぢひめ》を、天照大神の子の正哉吾勝勝速日天忍穂耳尊《まさかあかつかちはやひあめのおしほみみのみこと》（以下「忍穂耳尊」）に嫁がせている点にある。

「第一の一書」によれば、天照大神は地上世界の統治者を、自らの子の忍穂耳尊にしようとしたが、忍穂耳尊と栲幡千千姫との間に瓊瓊杵尊が生まれたため、瓊瓊杵尊を降臨させることにした。ここで重要な点は、忍穂耳尊の奏上を受け、天照大神が瓊瓊杵尊の降臨を決定しているという点である。同じ決定を「本文」では高皇産霊尊がおこなっている。

高皇産霊尊が瓊瓊杵尊を地上世界の統治者として降臨させた理由は、瓊瓊杵尊が高皇産霊尊の娘の子であり、自らの孫だからである。それでは、天照大神が、一度は自らの子の忍穂耳尊を降臨させる決意をしたにもかかわらず、孫の瓊瓊杵尊を降臨させたのはなぜだろう。

その理由は、「第一の一書」の記述に忠実にしたがうならば、瓊瓊杵尊が天照大神の子の忍穂耳尊を父とし、高皇産霊尊の娘の栲幡千千姫を母として生まれた子だからである。換言すると、統治者に選定されるべき者［瓊瓊杵尊］は、父［忍穂耳尊］の正統性、および、母［栲幡千千姫］の正統性の両方を兼ね備えていなければならない、という原理を確認できる。

これに対し、天照大神が最初に地上世界に降臨させようとした忍穂耳尊は、瓊瓊杵尊に比して統治者としての正統性が劣っていた。なぜならば、忍穂耳尊の正統性を証明する存在は母の天照大神のみであり、父の存在が欠如しているのである。

不比等が思慮遠望し、具象化を目指した「皇位継承の原理」と『日本書紀』に記載されている神話の関わりについて、更に私見を述べる前に、以下の点をまず確認しておきたい。

◇

確認①…統治者〔瓊瓊杵尊〕の父系〔忍穂耳尊〕の正統性を象徴する存在は〔天照大神〕であり、母系〔栲幡千千姫〕の正統性の象徴が〔高皇産霊尊〕である。そして、統治者となるべき〔瓊瓊杵尊〕は、この両方の正統性を兼ね備えていなければならない。

確認②…『日本書紀』の記述では、〔天照大神〕も〔高皇産霊尊〕も、ともに独神として扱われており、〔天照大神〕の夫神、〔高皇産霊尊〕の妻神についての記述は見られない。そのため、〔天照大神〕の子である〔忍穂耳尊〕の父系の正統性、〔高皇産霊尊〕の娘である〔栲幡千千姫〕の母系の正統性は、証明されてはいない。

したがって、〔忍穂耳尊〕のように、〔天照大神〕の男子であっても、また、男孫であっても、それだけでは統治者に選定されにくいと言える。あくまで、〔天照大神〕の男子と〔高皇産霊尊〕の女子とが結ばれ、その二人の間に誕生した男子であることが、統治者に選定される最も重要な条件になっている。

この条件は、〔高皇産霊尊〕の女子についても同様に考えられる。すなわち、〔高皇産霊尊〕の女子であっても、〔天照大神〕の男子と結ばれ、なおかつ、自ら誕生させた男子でなければ、統治者に選定されることはない。

確認③…「第一の一書」から確認できた原理において、統治者の父系の正統性を証明する［天照大神］、また、統治者自身の正統性を証明する［栲幡千千姫］の両者に共通する特徴は、その生母の正統性である。これは、母系の重視であり、不比等が考慮した「皇位継承の原理」における大きな特徴と言える。

確認④…［瓊瓊杵尊］は地上世界の統治者として降臨し、その皇孫である神日本磐余彦尊《かむやまといわれひこのみこと》は即位して神武天皇となる。［瓊瓊杵尊］にとり、［栲幡千千姫］の父である［高皇産霊尊］は祖父（外戚）にあたる。つまり、「本文」は、自らの娘が［天照大神］の男子に嫁ぎ、その所生の男子（皇孫）が天皇となる正当性を、外戚にあたる［高皇産霊尊］を主役として主張している。

確認⑤…「第一の一書」は［天照大神］が主役になっており、「本文」の主役である［高皇産霊尊］は登場しない。しかし、その替わりとして登場するのが［思兼神《おもいかねのかみ》］である。［思兼神］は［高皇産霊尊］の御子神であり、［栲幡千千姫］の兄神にあたる。［瓊瓊杵尊］の天孫降臨においては、［天照大神］の相談役となり、補佐役として活躍している。

したがって、「本文」における［高皇産霊尊］の役割を、「第一の一書」では［思兼神］が代行していると言える。そのため、母系の正統性の象徴は［高皇産霊尊］であるが、その御子神であり、［栲幡千千姫］の兄神である［思兼神］にも、母系の正統性を証明する象徴性が認められていたと考えられる。

天上	地上
天照大神	持統女帝
忍穂耳尊	草壁皇太子
高皇産霊尊	天智天皇
栲幡千千姫	阿閇皇女
瓊瓊杵尊	珂瑠皇子（文武天皇）

以上の点を確認した上で、七世紀末から八世紀初頭における皇位継承の実態を、神代の高天の原に投影させてみよう。

（一）珂瑠皇子（後の文武天皇）の場合

草壁が薨去した時、珂瑠皇子はまだ七歳で即位はできなかった。そのため、祖母の鵜野皇后が即位し、持統女帝として中継ぎの役割を果たす。

確認①で示したように、珂瑠［瓊瓊杵尊］が天皇になるための父系（草壁［忍穂耳尊］）の正統性は、

（図 16）

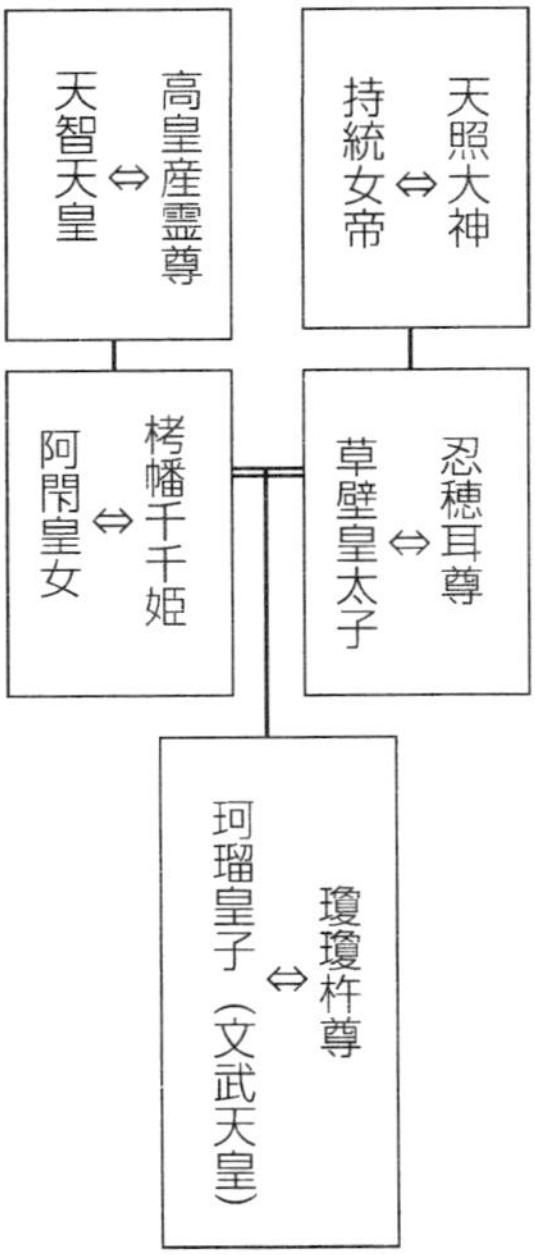

持統［天照大神］が証明することになる。また、珂瑠［瓊瓊杵尊］の母である阿閇［栲幡千千姫］は天智天皇の娘であるから、その正統性は［高皇産霊尊］に重複する天智によって証明される。（図16）

ここで重要なのは、持統［天照大神］の夫である天武天皇と、阿閇［栲幡千千姫］の母、つまり、天智［高皇産霊尊］の妻、姪娘の扱い方である。

確認②で示したように、『日本書紀』において、［天照大神］と［高皇産霊尊］は、ともに独神として扱われ、それぞれの夫神、妻神についての記述は見られない。そのため、［天照大神］の夫神に重複する天武、［高皇産霊尊］の妻神に重複する姪娘が、天孫降臨神話では、その存在が否定されている

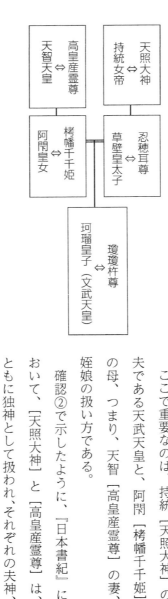

ことがわかる。

『日本書紀』の編纂に大きな影響力をもっていた不比等は、天武朝を否定する立場をとっていた。そのため、不比等は天武の存在を否定する立場から、［天照大神］を独神として扱い、天武が重複するはずの［天照大神］の夫神を認めない方針をとったと考えられる。

文武は天武の皇統であるにもかかわらず、不比等が天武を否定したため、その皇統の創始には持統［天照大神］の皇子としての草壁［忍穂耳尊］が位置づく。したがって、「不改常典」において草壁が原点になっているのは、天武を否定するという不比等の考えに基づいている。

次に、姪娘の父蘇我倉山田石川麻呂は、天智（当時は中大兄皇子）や藤原（中臣）鎌足とともに、乙巳《いっし》の変（六四五年）において蘇我蝦夷・入鹿父子を誅滅し、大化改新をおこなった中心人物である。この石川麻呂は後に、異母弟の日向《ひむか》の讒言《ざんげん》により、孝徳・中大兄の軍に攻められ、山田寺において自害する。藤原鎌足は中大兄の側近であるから、当然、石川麻呂を滅ぼす側の立場であった。

このように、藤原氏と蘇我氏の関係は、誅滅する藤原氏、誅滅される蘇我氏という敵対関係にあった。そのため、不比等は蘇我氏を否定する立場から、［高皇産霊尊］を独神として扱い、姪娘が重複する［高皇産霊尊］の妻神の存在を認めてはいない。ただし、蘇我倉山田石川麻呂の娘、遠智娘を母とする持統は、草壁［忍穂耳尊］の母［天照大神］として別格の存在（独神）であった。

（二）首皇子（後の聖武天皇）の場合

文武が二十五歳で崩御した時、嫡子である首は七歳であった。これは、草壁が二十八歳で薨去した時の珂瑠（後の文武天皇）と同じ年齢である。後継の天皇として即位するには、あまりにも幼く、そのため、母の阿閇が即位し、元明女帝として中継ぎの役割を果たす。

この場合、首［瓊瓊杵尊］の父系（文武［忍穂耳尊］）の正統性は、その母である元明［天照大神］が証明する。そして、首［瓊瓊杵尊］の母系（宮子［栲幡千千姫］）の正統性を証明するのは不比等である。しかし、不比等が母系の正統性を証明する［高皇産霊尊］に重複する存在に値するか否かが問題である。

この問題を考える場合、『日本書紀』の「第一の一書」には［高皇産霊尊］がまったく登場しないこと、［高皇産霊尊］の替わりにその子である［思兼神］が登場することが重要になる。［思兼神］は［瓊瓊杵尊］の降臨において、［天照大神］の相談役として重要な役割を果たしている。また、確認⑤で示したように、［思兼神］は［高皇産霊尊］の子であり、［栲幡千千姫］の兄であるから、母系の正統性を証明する象徴性が認められていたと考えられる。そのため、「本文」における［高皇産霊尊］がもつ象徴性を、「第一の一書」では［思兼神］が負っている。そして、首［瓊瓊杵尊］の母系（宮子［栲幡千千姫］）の正統性は［思兼神］が証明しているのであり、不比等はこの［思兼神］に重複すると考えられる。（次頁、図17）

（図 17）

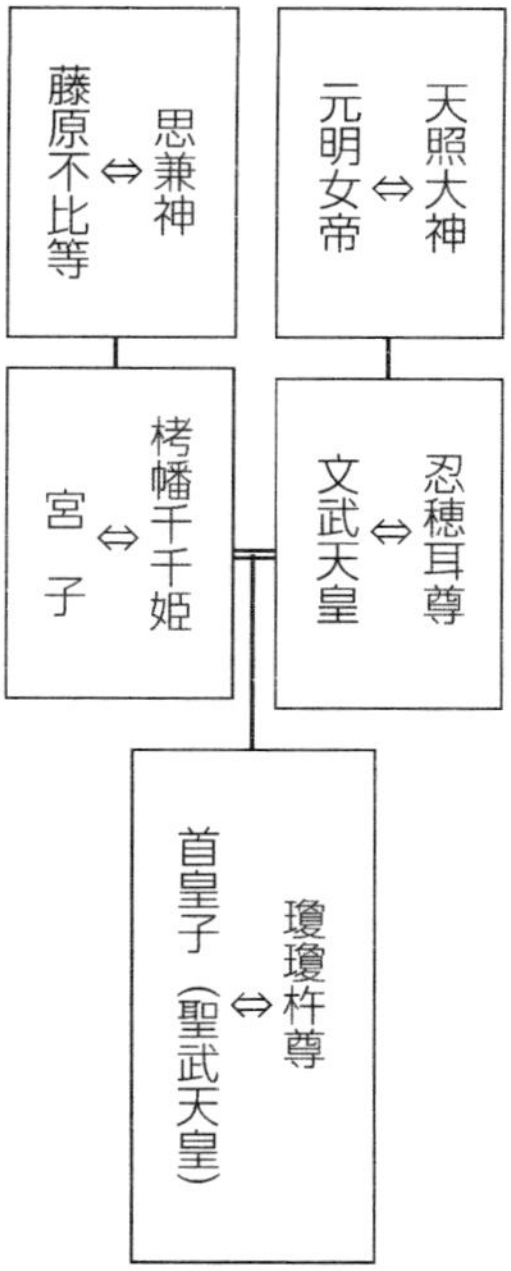

天上	地上
天照大神	元明女帝
忍穂耳尊	文武天皇
思兼神	藤原不比等
栲幡千千姫	宮子
瓊瓊杵尊	首皇子（聖武天皇）

首皇子が即位するにあたり、不比等が果たした役割は、「第一の一書」における［思兼神］の役割と重複すると言ってよい。首皇子の即位まで、中継ぎの役割をもつ阿閇の即位はきわめて困難であった。そこで、元明として即位を実現させるため、最も重要なよりどころとされたのが「不改常典」であり、不比等がこれを創出した。

この「不改常典」によって元明の即位が正当化され、首皇子への皇位継承が約束されたわけである。したがって、不比等が創出した「不改常典」は、元明にとっては欠くことのできない存在と言える。

そのため、元明に重複する［天照大神］が主役である「第一の一書」に、「不改

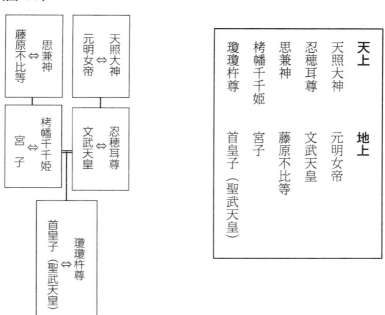

常典」が重複する「天壌無窮の神勅」が記述されているのであり、また、不比等が重複する［思兼神］が、［天照大神］の相談役として登場し、活躍しているのである。

ただ、残された問題が二点ある。その第一は、［思兼神］が［高皇産霊尊］の子であるという『日本書紀』の記述と、［思兼神］に重複する不比等が［高皇産霊尊］に重複する天智の子である、という父子関係においても重複性が認められるか否かである。

『続日本紀』によれば、不比等は鎌足の二男として記されている。また、『公卿補任』および『尊卑分脈』などの記述によれば、母は鎌足の妻である車持与志古娘《くるまもちのよしこのいらつめ》と見える。したがって、不比等は鎌足の実子であり、その母は車持与志古娘というのが一般的な通説である。

ところが、『公卿補任』の傍注には「実天智天皇之子」と記されており、『帝王編年記』では車持与志古娘は天智の寵妃であり、妊娠六ヵ月にして鎌足に賜ったと記している。また、『興福寺縁起』によれば、不比等の母は鏡女王とされ、この鏡女王が天智に召された女性であったこと、そして、後に鎌足に授けられ、正妻になったと記されている。

更に、『尊卑分脈』の「不比等伝」には、「出生の公開に憚られるところがあった」との記述がある。これらの記述から、不比等は鎌足の実子ではなく、実は天智の御落胤であったという説が、早くから世に流布していたことが認められる。

不比等が鎌足の実子なのか、天智の御落胤であったのか、事実は不明と言わざるを得ない。しかし、『尊卑分脈』や『興福寺縁起』などの記述に見られるように、不比等が天智の御落胤であった可能性が早くから世に認められていたことは事実である。

次に第二の問題は、〔思兼神〕に不比等を重複させた場合、〔栲幡千千姫〕に重複する宮子は不比等の妹でなければならない。この問題を不比等はもう一人の娘、光明子によって解決するのだが、この点については後述する。

こうして、「本文」は珂瑠（後の文武天皇）の場合、「第一の一書」は首（後の聖武天皇）の場合の二通りの重複関係が、『日本書紀』の天孫降臨神話には認められるのである。

この重複関係は不比等が創出した「皇位継承の原理」を、神話によって権威と根拠をもたせながら具象しようとした結果である。特に、元明〔天照大神〕によって父系（文武〔忍穂耳尊〕）の正統性を、不比等〔思兼神〕によって母系（宮子〔栲幡千千姫〕）の正統性を兼ね備えた首〔瓊瓊杵尊〕が即位し、聖武となる点は注目される。なぜならば、この聖武の即位は、確認④で示したように、不比等が外戚として実権を掌握する形であり、後の藤原氏が用いた手法の原型と言えるからである。

このように、藤原不比等という稀代の政治家が、皇位継承に関わって思慮遠望し創出した「不改常典」は、天孫降臨神話における「天壌無窮の神勅」とともに、実に巧妙に仕組まれていた。ところが、不比等が創出した「皇位継承の原理」は、実は他方において、もう一人の皇位継承者〔准瓊瓊杵尊〕を生み出す結果となった。

五　尊重される長屋王

不比等が政権掌握に関わって展開した策謀として、「草薙剣の祟り」、「黒作懸佩刀のレガリア化」、「不改常典の創出」について、ここまで考察してきた。更にここでは、不比等と高市皇子、その子長屋王に関わって考えてみたい。

前にもふれたように、不比等は娘の宮子を文武天皇の夫人としたが、次女の長娥子は高市の嫡子である長屋王に嫁がせている。文武が「草壁皇子尊」と表記された草壁の嫡子であるならば、長屋王は「後皇子尊」と尊称された高市の嫡子である。不比等が実権を掌握していた政権下で編纂された『日本書紀』において、「尊」字が付された皇子はこの二人のみに限られる。

胸形君徳善の娘、尼子娘を母とする高市は、皇位継承資格において優位とは言えない。そのような高市と嫡子である長屋王を、不比等はどのような考えに基づいて尊重したのであろうか。

持統女帝の愛息である草壁は、生来の病弱な体質であり、二十八歳で薨去した。その嫡子である珂瑠皇子（後の文武天皇）もまた病気による不調を理由に、母の阿閇皇女（後の元明女帝）へ譲位した後、二十五歳という若さで崩御している。

病弱な体質の「草壁皇子尊」の血統を考えた場合、健康で剛毅な「後皇子尊」（高市皇子）の血統に、不比等は魅力を感じ、配慮したということも否定はできない。しかしながらここでは、不比等が創出した草壁を創始とする「皇位継承の原理」に基づき、高市が「後皇子尊」として尊重されるに至った背景を考えてみたい。

前章で記したように、草壁［忍穂耳尊］の母は持統［天照大神］であるから、草壁の嫡子、珂瑠［瓊瓊杵尊］は父系において正統性に問題はない。また、珂瑠の母、阿閇［栲幡千千姫］も天智［高皇産霊尊］の娘であるから、母系においても正統性を保証できる。したがって、草壁と阿閇の嫡子である珂瑠［瓊瓊杵尊］は、まさに正統な統治者としての条件を備えていたと言える。ところが、草壁が二十八歳で早世し、また、正統な後継者である珂瑠皇子が七歳であったことから、後継問題は意外な方向へと展開する。

持統の子は草壁のみであり、孫の珂瑠はまだ幼少であった。そのため、持統が自ら即位し、中継ぎを果たすことになる。しかし、不慮の場合を考慮し、持統自らの後継と輔弼を委ねる暫定的な後継者の選定をおこなう必要があった。この時、天武の皇子たちの多くが健在だったが、これらの皇子から後継者を選定することは、持統が願う珂瑠への皇位継承が絶ち切れてしまう可能性があった。

結果的に持統が選定したのは高市であった。今は亡き草壁の妻は天智の娘の阿閇（後の元明女帝）であり、持統が抜擢した高市の妻、御名部皇女もまた天智の娘である。更に、阿閇の姉が御名部であり、姉妹の母は持統の母、遠智娘の同母妹であった。持統はこのような姻戚関係も考慮に入れたことだろう。

しかし、それ以上に持統が高市を尊重せざるを得ない理由があった。たびたび記したように、「吉野の盟約」において持統と草壁は、天武の皇子を平等に慈しむことを天地の神々に誓い、その誓いに違背したならば、自らの身が亡びるとともに子孫も絶えると宣誓している。

したがって、持統がこの宣誓に違背したからには、二十八歳で早世した草壁のみならず、次は孫の珂瑠の命さえも絶えてしまうことになる。そのため、孫を守ろうとする持統は、草壁と大津の二人が不在となった以上、「吉野の盟約」に同座し、皇位継承資格において第三位に位置していた高市を、太政大臣に任命せざるを得なかったのである。

加えて、持統は不比等が創出した草壁を創始とする「皇位継承の原理」を満足して容認し、その具象化への取り組みを強力に支援したと考えられる。そして、この不比等が創出した原理においても、複数いる天武の皇子たちの中で、高市以外に後継者に選定されるべき皇子は存在しなかったのである。その理由を以下において明らかにしてみたい。

まず、暫定的な後継者を選定する場合、父系の正統性をもち合わせている皇子は、珂瑠［瓊瓊杵尊］の他には存在しないため、不比等はもう一つの必須条件、母系を重視した正統性に基づいて後継者を選定した。

母系の正統性を証明する象徴は、天智［高皇産霊尊］であった。そして、天智［高皇産霊尊］の皇女を母とする皇子の一人は、阿閇［栲幡千千姫］と草壁［忍穂耳尊］との間に生まれた珂瑠［瓊瓊杵尊］であり、もう一人は御名部［准栲幡千千姫］と高市［准忍穂耳尊］との間に生まれた長屋王［准瓊瓊杵尊］の二人のみである。

ところが、珂瑠［瓊瓊杵尊］および長屋王［准瓊瓊杵尊］はともに幼少であり、暫定的な後継者に選定することは不可能であった。そのため、珂瑠［瓊瓊杵尊］の父である草壁［忍穂耳尊］がすでに薨去している以上、長屋王［准瓊瓊杵尊］の父である高市［准忍穂耳尊］を選定せざるを得ないのである。

言うまでもなく、天智［高皇産霊尊］の皇女を母とする皇子は、珂瑠と長屋王の他に、新田部皇女の舎人皇子、大江皇女の長皇子、弓削皇子の三人もいた。そして、これらの皇子は能力的にも、年齢的にも、後継者になり得る存在であった。

しかし、不比等は天武天皇を否定し、その正当性を認めない立場を貫くことにより、栄進の道を勝ち得た人物である。前項の確認②でも示したように、いかに天智［高皇産霊尊］の娘で、［栲幡千千姫］になり得る要素をもつ皇女であっても、天武の妻となった皇女には母系の正当性は認めず、また、その皇女が生んだ皇子に対しても、統治者としての正統性を認めることはない。なお、天智［高皇産霊尊］の娘で天武の妻となった持統は、草壁［忍穂耳尊］の母［天照大神］として別格の存在（独神）であることは言うまでもない。（次頁、図18）

そのため、持統と不比等は、天武の皇子の中から高市を太政大臣に任命し、後継者に選定した。また、不比等の影響下において編纂された『日本書紀』においても、天孫降臨神話で「天壌無窮の神勅」を［天照大神］に語らせたり、草壁を「草壁皇子尊」、高市を「後皇子尊」と記して、対比的に尊重したりし

（図18）

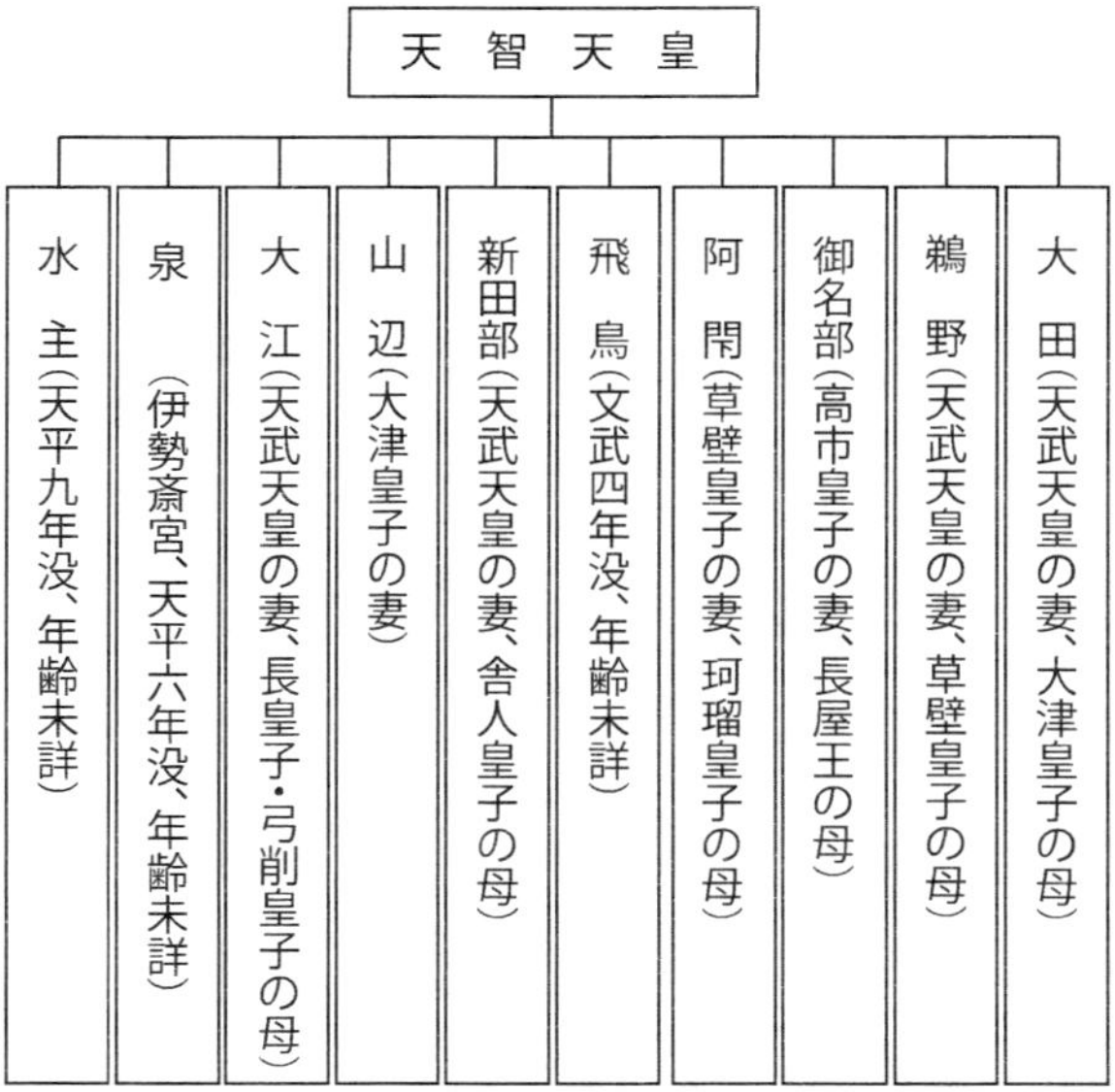

ているのである。

また、持統は草壁の娘の吉備内親王を、高市の子である長屋王に嫁がせている。二人の婚儀がなされたのは高市が薨去した後の可能性が高いから、持統による配慮と考えられる。吉備の正統性を考えるならば、その夫となるべき人物は、高市の子以外にはあり得ない。

高市以外の男子に草壁の娘である吉備を嫁がせることは、母系においても、父系においても、正統性の拡散をまねく結果になる。これは皇位継承者の多出を招き、争乱の原因になるとともに、持統や不比等がもくろむ皇位継承構想を危険にする可能性が生じてしまうことになる。

同じ理由により、草壁のもう一人の娘である氷高内親王は、生涯、未婚のままである。

氷高の正統性が拡散することを防ぐため、および、皇位継承における不慮のできごとに対応するため、持統と不比等は氷高を未婚のまま温存したと考えられる。

高市と御名部との間に生まれた長屋王は、母系において正統な皇位継承者としての条件を備えている。しかし、父系の正統性については、高市の母が胸形君徳善の娘（尼子娘）ということから、条件にかなっているとは言えない。ところが、長屋王が吉備を妻にしたために、その正統性は飛躍的に高められる結果となった。

吉備の父は草壁、母は阿閇（後の元明女帝）、姉が氷高（後の元正女帝）、兄が珂瑠（後の文武天皇）である。そして、吉備の父系の祖母は持統であり、母系の祖父が天智である。

正統な統治者の原理から見るならば、持統は父系の正統性の象徴［天照大神］であり、天智は母系の正統性の象徴［高皇産霊尊］である。したがって、父系においても母系においても、吉備は統治者の正統性を完璧に兼ね備えた存在なのである。

吉備の姉である氷高は、弟の珂瑠への中継ぎの必要から、元明女帝の後に即位して元正女帝となった。不比等が創出した草壁を創始とする「皇位継承の原理」から見るならば、氷高もまた吉備同様、統治者としての正統性を兼ね備えていたのである。

このような条件を兼ね備えた吉備の所生の男子は、正統な統治者［瓊瓊杵尊］として、その条件を備えていると見なければならない。そのため、『続日本紀』七一五（霊亀元）年二月二十五日には、「吉備内親王の所生の子を皇孫の列に入れる」という異例な勅がくだされることになった。前年には首皇子がすでに立太子しているから、皇位継承の混乱を招きかねない、異例の勅であると言える。

草壁は即位せず皇太子として薨去しているから、吉備は本来、内親王ではなく女王である。しかしながら、長屋王と結ばれたことにより、〔瓊瓊杵尊〕の母〔栲幡千千姫〕となる可能性が生じたため、不比等は吉備を尊重し、元明女帝とともに前記の勅を発したのであろう。

この勅により、吉備と長屋王との間に生まれた男子は、皇孫として皇位継承資格をもつことになった。また同時に、吉備の夫である長屋王は、親王として天皇の兄弟もしくは皇子に准ずる立場になったわけである。

不比等としては、〔准瓊瓊杵尊→准忍穂耳尊〕の条件を備えた長屋王に対処する必要があった。そのため、娘の宮子を文武天皇〔瓊瓊杵尊→忍穂耳尊〕に入内させるとともに、その妹である長我子を長屋王のもとに嫁がせたのである。長屋王に吉備を嫁がせた持統が、これを許したのであろう。

こうして、長屋王は珂瑠皇子（後の文武天皇）に次ぐ皇位継承候補となった。そればかりか、不比等が創出した草壁を創始とする「皇位継承の原理」から見るならば、長屋王と吉備との間に生まれた膳夫《かしわで》王《おう》は、むしろ文武の皇子、首（後の聖武天皇）よりも正統性が高いとも言えた。

前項の確認③で示したように、統治者の正統性を母系重視の原理に基づいて見るならば、首の母は不比等の娘の宮子であり、母系の正統性を証明する天智〔高皇産霊尊〕には通じていない。不比等が天智

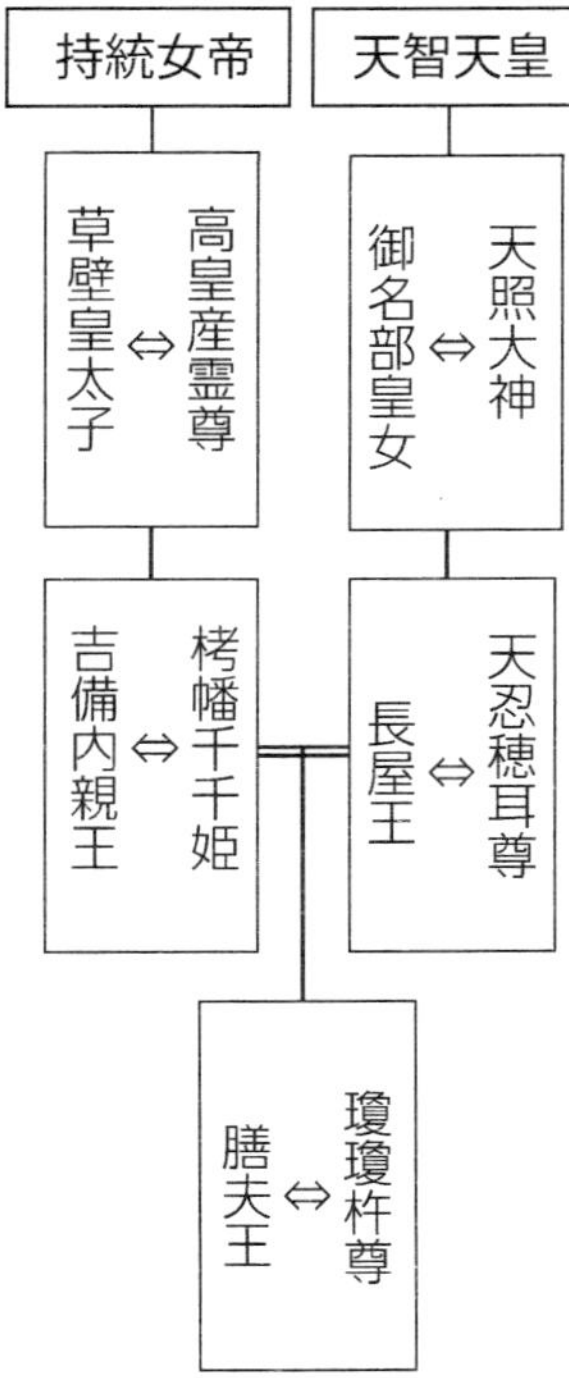

の御落胤としても、［高皇産霊尊］の子の［思兼神］に重複する。これに対し、長屋王と吉備との間に生まれた膳夫王は、父系（長屋王）が御名部皇女を通して天智に至り、母系（吉備内親王）は草壁を通して持統にも至るため、統治者としての正統性はきわめて高いと言わざるを得ない。

七〇四（慶雲元）年一月七日、それまで無位であった長屋王が突然として正四位上に叙位される。（図19）

(図19)

持統女帝	天智天皇
草壁皇太子 ⇔ 高皇産霊尊	御名部皇女 ⇔ 天照大神
吉備内親王 ⇔ 栲幡千千姫	長屋王 ⇔ 天忍穂耳尊
	膳夫王 ⇔ 瓊瓊杵尊

律令に定められた「蔭位の制」では、親王の子は従四位下と規定されているから、長屋王は規定より三階も上の位階を叙位されたことになる。これは「別勅によって処分する場合は、令の規定にとらわれない」とする但し書きに基づいて、不比等が長屋王を尊重した結果であったと考えられる。

また、長屋王が吉備内親王の意を体し、文武天皇の追福のため、書写せしめた『大般若経』『和銅経』の願文には、

七一二（和銅五）年十一月十五日の日付

とともに、長屋王を「長屋殿下」と記している。「大宝律令」が基本とした唐の「儀《ぎ》制令《せいりょう》」によれば、「殿下」とは皇后・皇太子が太皇太后・皇太后に対して文書で上啓する時、および、庶人に至るまでの臣下が三后・皇太子に文書で上啓する時に相手を「殿下」と書くと規定されている。このことは、七一二（和銅五）年の段階で長屋王は「殿下」、すなわち皇太子または准皇太子という立場にあったことを示している。

更に、長屋王の邸宅跡から発掘された木簡には、「長屋親王宮鮑大贄十編」「長屋皇宮」などと記された多数の木簡が確認されている。これらの木簡は、准皇太子としての長屋王の立場を証明するとともに、その父である高市（後皇子尊）もまた、持統朝の准皇太子という立場であった傍証でもある。

六　長屋王の祟り

前記したように、不比等は娘の宮子が入内した珂瑠皇子（後の文武天皇）とともに、長屋王に対しても配慮を怠っていない。その上で、首皇子（後の聖武天皇）の次代とともに、自家の将来を展望した不比等は、自らが創出した「皇位継承の原理」を仕上げるかのように、次なる策謀を展開する。

「吉備内親王の所生の子を皇孫の列に入れる」勅がくだされた翌年、七一六（霊亀二）年、不比等は娘の光明子を首皇太子に嫁がせたのである。首と光明子との間に生まれた親王は、父系においても母系においても、完璧に不比等のもとに正統性を証明することになる。換言するならば、自ら創出した「皇位継承の原理」において、光明子を［栲幡千千姫］とすることにより、その父である不比等は、それまでの［思兼神］から［高皇産霊尊］へと昇格する。これにより、前項において保留した第二の問題点は解消する。

こうして、聖武［忍穂耳尊］と光明子［栲幡千千姫］との間に基親王［瓊瓊杵尊］が誕生した時点で、不比等が創出した天孫降臨神話の一節は完結するはずであった。（次頁、図20）しかし、待望の皇子の誕生を見ることなく、七二〇（養老四）年八月三日、稀代の政治家藤原不比等は薨去する。不比等が待ち望んだ基親王が誕生したのは、七年後の七二七（神亀四）年閏九月二十九日であった。

更に、この基親王は誕生の翌年、七二八（神亀五）年九月十三日、突然として夭逝してしまう。そのため、再び長屋王［准忍穂耳尊］と吉備内親王［栲幡千千姫］の子である膳夫王［瓊瓊杵尊］が注目される事態となった。聖武天皇には第二皇子に安積親王がいたが、母が県犬養広刀自《あがたいぬかいのひろとじ》であり、血統において膳夫王には大きく劣る。

不比等なき後の藤原氏としては、大きな危機に直面したわけだが、彼の後継者たちは強引な暴挙によって長屋王と吉備、および、その所生の王子たちを滅ぼしてしまうのである。

（図20）

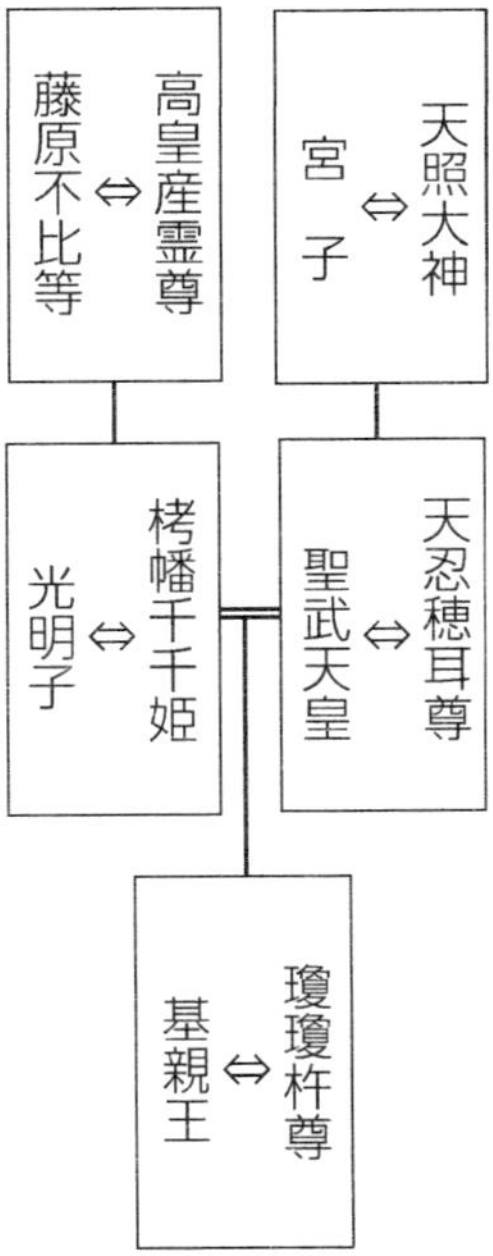

七二九（天平元）年二月十日、従七位下の漆部造君足《ぬりべのみやつこきみたり》、無位の中臣宮処連東人《なかとみのみやこのむらじあずまびと》ら下級役人から朝廷に密告がなされた。その内容は、「左大臣で正二位の長屋王が、ひそかに左道を学び、国家を傾けようとしている」というものであった。

ただちに戒厳令が布かれ、不比等の三男、宇合《うまかい》らは朝廷護衛の六衛府の兵を率いて長屋王邸を包囲した。その夜、伊勢国鈴鹿関（三重県関町）、美濃国不破関（岐阜県関ヶ原）、越前国愛発関《あらちのせき》（福井県敦賀市）の三関も封鎖された。

翌朝、舎人皇子・新田部皇子らが長屋王邸におもむいて罪状を糾問し、翌日、長屋王は吉備とその所生の膳夫王、桑田王《くわたおう》、葛木王《かずらぎおう》、鉤取王《かぎとりおう》とともに縊《い》死《し》した。更に、翌十三日、長屋王と吉備内親王の遺骸は、早くも生馬山（生駒山）に葬られてしまう。密告された十日から、僅か三日後という短期間の処置であった。

ところが五日後の十八日には、長屋王の弟である鈴鹿王の邸に使者が派遣され、長屋王の兄弟姉妹と子孫、および連座して罰せられるべき者たちが、男女を問わずすべて赦免されたのである。

このことから、長屋王の謀反事件は、長屋王と吉備、および二人の所生の王子のみを抹殺するために仕組まれたという陰謀説が指摘されてきた。寺崎保広『長屋王』（吉川弘文館）は、『万葉集』巻三（四四一番）、倉橋部女王の歌、

大君の　命恐《みことかしこ》み　大殯《おおあらき》の　時にはあらねど　雲隠ります

（天皇の仰せにしたがって、まだお亡くなりになるような年ではないのに、お隠れになってしまわれた）

続いて、（四四二番）の膳部王の挽歌、

世の中は　空しきものと　あらむとそ　この照る月は　満ち欠けしける
（世の中はむなしいものだ、と言わんばかりに、この月は満ち欠けしている）

に注目し、「ここにも、長屋王と膳部王に対する同情の念が表明されており、長屋王が国家を傾けようとした、というのはやはり事実ではなかったと認めてよかろう」と指摘している。

なお、長屋王と長娥子との間には、安宿王《あすかべおう》・黄文王《きぶみおう》・山背王《やましろおう》・娘教勝《きょうしょう》が誕生していたが、長我子は不比等の娘であるから、当然のごとく全員が罪を許されるとともに、その後、位階の昇給も特別扱いされている。

こうして、長屋王［准忍穂耳尊］と正統な皇統を備えた吉備内親王［栲幡千千姫］、その子である膳夫王［瓊瓊杵尊］らは、不比等の後継者たちによって抹殺されてしまった。更に、政権の掌握を急ぐ後継者たちは同年八月十日、聖武天皇の夫人であった光明子を皇后に立てる。臣下出身の女性が立后するのは異例だが、律令の規定を尊重する長屋王が亡くなっていたからこそ実現したと言えよう。

その後、七三八（天平十）年七月十日、長屋王を密告した中臣東人が、長屋王の仕人であった大伴《おおとも》子虫《こむし》に断殺されるという事件が起きた。この事件について『続日本紀』は、中臣東人を「東人、即誣告長屋王事之人也」、つまり「長屋王のことを誣告《ぶこく》した人物である」と明記している。「誣告」とは「偽りの告発」の意であるから、『続日本紀』の編纂者は、長屋王の謀反事件が明らかに藤原氏の陰謀による冤罪《えんざい》であったことを主張している。

そして、陰謀によって憤死せざるを得なかった長屋王の死霊は、当然のごとく怨霊となって祟りをなす。長屋王の謀反事件があった七二九（天平二）年以降、天平年間は全国で雷雨と強風、日照り、地震、大風などの天変地異が連続し、その結果として干害、飢饉、疫病が多発するとともに、盗賊や死者の霊魂を祀る奇妙な集団までもが横行した。

『続日本紀』がくりかえし記している当時の社会状況は、かつて、文武天皇が藤原京の完成間近に、唐突に遷都を審議させた社会状況と酷似している。加えて、連続する異変は天変地異による社会不安のみではなかった。長屋王と吉備内親王らを謀略によって縊死させた藤原氏の人々にも、死の恐怖がくりかえし襲いかかったのである。

まず、七三三（天平五）年一月十一日、光明皇后の母である県犬養橘三千代が薨去する。この日の四日前、都では雷が落ち、強風が吹き荒れたと『続日本紀』は記しているが、落雷と突然死は藤原鎌足の場合と同じである。

続いて、七三五（天平七）年九月三十日、新田部皇子が薨去し、直後の十一月十四日には舎人皇子が薨去している。二人はともに長屋王の罪を糾問するため、長屋王邸におもむいた皇子たちであった。

更に、七三七（天平九）年四月十七日、参議、民部卿で正三位の房前《ふささき》（不比等の次男）が薨去する。その後も、七月十三日には参議、兵部卿で従三位の麻呂（不比等の四男）が薨去し、七月二十五日には

（図21）

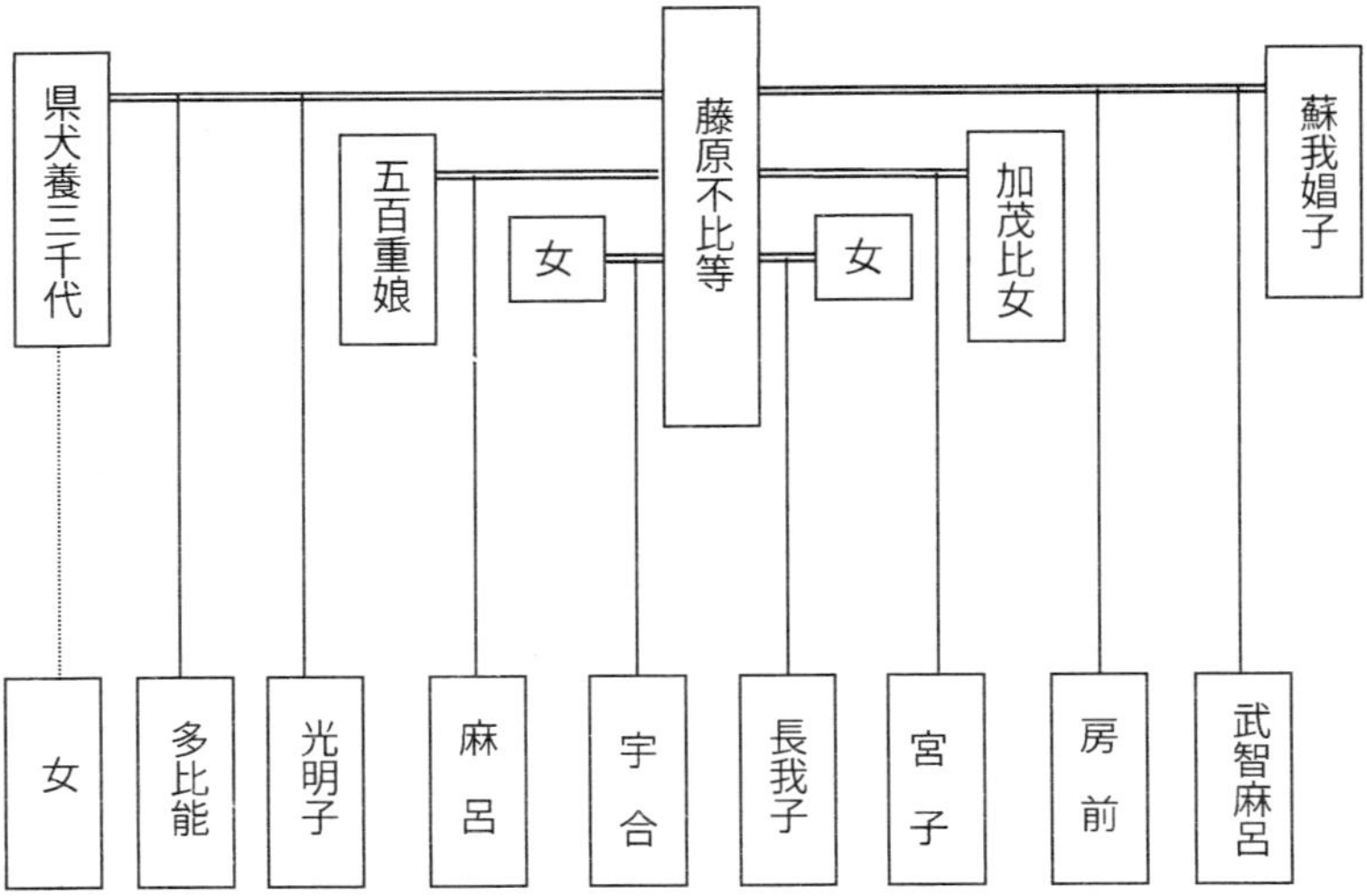

藤原不比等の子女

正一位、左大臣に任命された武智麻呂《むちまろ》（不比等の長男）が薨去する。加えて八月五日、参議、式部卿兼太宰帥で正三位の宇合(不比等の三男)までもが薨去し、政権の中枢にあった藤原四兄弟が、わずか四カ月のうちに相次いでこの世を去ったのである。(図21)

また、異変は光明皇后をも襲っている。『続日本紀』七三三（天平五）年五月二十六日の詔に、「皇后はすでに永い間病床にある。様々の治療をしたがまだ良くなるところがない。この煩いの苦しみを思うと、寝ることも食べることもそれどころではない」とあり、七三九（天平十一）年二月二十六日にも、「皇后の寝食が不調で、疲労がいよいよ深まっている。朕はその苦しみを見て、深く哀れみ悲しんでいる」と記している。

『日本霊異記』（中巻第一）には、「己が高徳を恃《たの》み、賤形《せんぎょう》の沙彌《しゃみ》を刑《う》ちて、現に悪死を得る縁《えにし》」として、長屋王の祟りについてふれている。自害した長屋王らの屍骸《しにかばね》は、勅によって京外で焼かれ、こなごなに砕かれた後、川や海にまき捨てられた、と記す。

この時、長屋王の骨だけは土佐国に流したのだが、その直後、土佐国の多くの百姓が死ぬ事件が発生した。そのため、百姓たちは憂い嘆きながら、「このままでは長屋親王の気によって、国中の百姓がみな、死んでしまいます」と、官庁の役人に文を提出した。

この事件を聞きつけた聖武は、少しでも都に近い場所に長屋王の骨を葬ることにし、紀伊国海部郡の椒抄《はじかみ》の奥《おき》の嶋（和歌山県海草郡南端の海上約一kmに島があり、その沖の島）に、移し葬ったと記している。改葬による鎮魂儀礼は、かつて持統女帝が刑死させた大津皇子の屍を、その祟りの鎮魂を願いつつ、二上山に移し葬った意図と重複する。

怨霊の鎮魂と改葬の関係については、山田雄司「怨霊と日本文化」（『學士會会報』九一九号）が、

天変地異などが起きると、神社への奉幣や寺での読経などが行われているが、そうした対応は対症療法的対応であり、病や災異といった現象を終息に向かわすことは可能かもしれないが、その原因が怨霊にあるときには根本的な解決にはならなかった。怨霊への対処の基本となるのは、怨霊となった人物の墓所での儀礼であり、墓所には霊魂がとどまっていると考えられていたため、その霊魂に

対して、名誉回復や奉幣、墓の整備を行うなどして怒りを鎮める方法や、仏教的手法により怨霊に直接働きかけることにより怒りをなだめて成仏させ、怨霊が鎮められた。

と指摘している。

『日本霊異記』の成立は、平安時代に入ってからだが、長屋王が自害した直後においても、巷の人々は、連続する天変地異と社会不安、疫病の流行、藤原四兄弟の死と光明皇后の発病、その母の死などを、「長屋王の祟り」と口々に噂したに違いない。

前記したように、長屋王の弟、鈴鹿王は事件直後に罪を免除されたばかりか、二階級特進して従四位上に叙されている。その後も、七三一（天平三）年八月十一日には参議、翌年正月二十日には従三位、七三七(天平九)年八月二十八日には知太政官事、翌年正月十三日には正三位とめざましい昇進を遂げる。

特別に昇進したのは鈴鹿王のみではない。七三七（天平九）年十月二十日、聖武は自ら南苑に出御して、従五位下の安宿王、無位の黄文王、従五位下の円方女王《まどかたじょおう》、紀女王《きのじょおう》、忍海部女王《おしぬみべのじょおう》を、それぞれ従四位下に叙している。この叙位は藤原四兄弟の死の直後であり、五名はすべて長屋王の子女のみという異例さである。特に、黄文王以外は一挙に四階も進められており、忍海部女王は同年二月十四日に、安宿王は同年九月二十八日に昇叙したばかりであった。

寺崎保広（前掲書）は、

長屋王の子女に限ったこの異例な叙位は、政治的な意味からは説明しにくい。私は、当時の人が天然痘蔓延を長屋王の祟りと考え、その霊を鎮めるための政策としての叙位であったと推定している（「『若翁』木簡小考」『奈良古代史論集』二　一九九一年）。

天平八年に光明皇后の発願で始められた一切経（五月一日経）の書写事業も、長屋王に対する罪滅ぼしといった意味合いが込められていた可能性が高い。なにしろ彼女は長屋王の変後に一時、旧長屋王邸に住んでいたのであるから（『長屋王報告』）。

と指摘する。

その後、七四〇（天平十二）年十月、聖武は理解しがたい「関東行幸」を始める。しかも、この時、九州の大宰府では藤原広嗣の乱が勃発し、その平定のため、大野東人を大将軍とする官軍一万七〇〇〇人が派遣されている最中であった。

十月二十六日、聖武は大将軍大野東人に次の詔を下し、二十九日には早くも平城京を後にする。

朕、意《おも》う所有るに縁《よ》りて、今月の末、暫く関東に往かん。その時に非ずと雖《いえど》も、事已《や》むこと能《あた》はず。将軍これ知るとも、驚き怪しむべからず。

十二月十五日に恭仁宮《くにのみや》にもどるまで、聖武はほぼ壬申の乱における大海人皇子（後の天武天皇）の行軍経路に沿って行幸を続けたのである。そのため、この行幸に対しては、「広嗣の乱に呼応する内乱誘発からの避難説」や「広嗣の乱の平定祈願説」、「壬申の乱の追体験説」、「天変地異や疫病、社会不安によるノイローゼ説」まで、様々な説が提示されている。

ただ、詔に「その時に非ずと雖も」とあるから、内乱の勃発が直接、影響しているとは考えられない。また、最近の頓宮《かりみや》遺跡の発掘からも、広嗣の乱が起きる以前から行幸の準備が始められていたことが判明しつつある。

では、いったい、「その時に非ずと雖も」、「事已むこと能はず」と言うほどの、「意う所」とは、いったい、どんなことだったのだろう。また、顕界的要因とともに、本書の視点である冥界的要因の影響はなかったのだろうか。

ここで注目したいのが、前記した『続日本紀』七三八（天平十）年七月十日の記事、長屋王を誣告《ぶこく》した中臣東人が、長屋王の仕人であった大伴子虫に斬殺された事件である。

この事件は、藤原四兄弟が死去した翌年に起きている。長屋王の祟りが猛威を振るった翌年である。それまで、長屋王の死は「藤原氏による陰謀」と噂されていた。しかし、この事件により、人々の推測による噂ではなく、証人と証言によって、「藤原氏による暴挙」だったことが白日の下に曝されたと言える。

そして、同時に、六衛府に出兵を命じて邸を包囲させ、長屋王や吉備内親王、その王子たちを死に貶めたのは聖武自身であるから、長屋王の祟りは更に勢いを増して、聖武に襲いかかったに違いない。

前記したように、光明皇后は七三九（天平十一）年二月には体調を崩しており、『五月一日経』の書写事業も、願文に「天平十二年五月一日」とあるから、体調不良の中、もしくは快復直後の取り組みであったのだろう。速やかに善行を積み、仏の加護によって祟りから救済されようと願うのは光明皇后も同じであった。

七四〇（天平十二）年十月から始まった関東行幸のルートが、壬申の乱における大海人皇子の進軍ルートに重複している点は、以前から指摘されている。ただし、名張から柘植山口を通過して鈴鹿へ向かった進軍ルートではなく、名張から阿保を通過して河口に出るルートは、持統女帝の伊勢行幸ルートを想起させる。そして、河口頓宮で最初に実施されたのは伊勢神宮への奉幣であった。このことから、聖武は天武天皇のみならず、持統女帝をも意識してこの行幸をおこなったと推察される。

結論を先に記すと、この行幸は後にくりかえされる遷都、そして、大仏造立とも一貫した意図に基づいていると考えられる。多発する天変地異や疫病の流行などに起因する社会不安、近親者の相次ぐ死など、多くの災いをもたらした要因を、聖武は一方で「自らの不徳」を詔で表明し、他方では「長屋王の祟り」と捉え、この救済を仏法による鎮護に求め、その具現に向けた呪的試行に取り組んだのである。

その第一段階として、聖武は自らが天武・持統の嫡系に列なる天皇であることを広く周知させるため、逆に、藤原氏の血統を濃く承けた天皇からの脱皮、すなわち「身削ぎ」のための行幸を実施した。四〇〇名にものぼる騎兵を同行させ、二カ月にもわたった行幸は、聖武が「意う所」の身削ぎをアピールするには十分であった。また、内乱が継続しており、「その時に非ずと雖も」、首謀者が脱皮の対象である藤原氏の広嗣であるがために、「事已むこと能はず」だったのである。

第二段階として、聖武は七四〇（天平十二）年十二月、恭仁宮への遷都を実施し、七四二（天平十四）年八月からは紫香楽宮《しがらきのみや》の造営に着手する。更に、七四四（天平十六）年閏一月には難波宮を皇都と定めたにもかかわらず、七四五（天平十七）年五月、再び平城京に戻っている。

この動きは、一見すると彷徨ともとれるが、目的は二つあった。第①の目的は、平城京からの逃避である。聖武は、藤原氏の勢力が隅々まで浸透し、また、長屋王の祟りが蔓延する平城京から、一日も早い逃避を企図したのである。それは、かつて聖武の父、文武天皇や不比等が大津皇子の祟りから逃れようと急遽、遷都を企図したことと相通ずる。

第②の目的は、鎮護国家の象徴としての宮都づくりである。聖武は七四〇（天平十二）年二月、難波宮に行幸した際、知識寺（河内国大県郡）の盧舎那仏《るしゃなぶつ》が、知識結《ちしきゆい》という平等な立場で協力し合う集団によって造立されたことに感銘を受けた。そして、自らもこの手法による大仏造立を発願し、七四三（天平十五）年十月十五日には紫香楽宮で「大仏造立の詔」を発した。このことから、恭仁宮遷都以前から、聖武は紫香楽宮を鎮護国家の象徴的宮都とする考えをもっていた可能性が高い。

聖武は首都選定のため、七四四（天平十六）年閏一月一日、官人による異例の衆議を実施し、その三日後には市人への聞き取りまでおこなっている。その際、恭仁宮と難波宮は選択肢として提示しているが、紫香楽宮の名は示していない。これは、当初から紫香楽宮を首都ではなく、鎮護国家の象徴的宮都とする意図があったことを示している。

また、首都選定の衆議や市人への聞き取りの結果は僅かに恭仁宮の支持が勝っていたが、聖武は七四四（天平十六）年二月二十六日、難波宮を皇都とする勅を発している。まるで、平城京からの逃避地として、聖武は当初から難波宮を想定していたような動きである。

それでは、聖武にとって恭仁宮は、どのような意義をもっていたのだろう。遷都をくりかえす聖武の目的は、①平城京からの逃避、②鎮護国家の象徴的宮都づくりの二つであった。前記のように、①については当初から難波宮を、②については紫香楽宮を想定していたと推測できる。すると、恭仁宮は二つの目的を具現するための、①については一時的、②については便宜的な意義をもつ造営だった可能性が高い。

『続日本紀』七四〇（天平十二）年十二月六日には、「右大臣の橘宿祢諸兄は先発した。山背《やましろ》国相楽郡恭仁郷《さと》の地を整備し、以擬遷都故也」と記されている。「以擬遷都故也」について、瀧浪貞子「大仏造立への道程――聖武天皇の「彷徨五年」――」（『研究紀要』（三）、京都女子大学宗教・文化研究所）は、恭仁郷の経路を遷都に「擬する」とは、これを正式の〝ミヤコ〟としたわけではないということである。聖武は恭仁京を平城京と同等の宮都、すなわち平城京にかわる新都として造営（＝遷都）したのではなかったのである。（中略）

ここで注目されるのが、造営工事が始まってほぼ一年、天平十四年二月、恭仁京の東北道を開いていることである。近江国甲賀郡に通じる道であるが、やがてその甲賀の地、紫香楽村で行われる大仏造立のための準備作業であったことはいうまでもない。だとすれば恭仁京の造営そのものも、紫香楽村における大仏造立のための拠点作りであったと考えられてこよう。のちにその紫香楽での造仏事業が挫折するや、ただちに恭仁京棄都＝平城還都が実現されたことから判断しても、このことは明らかである。

と指摘している。

その後、七四五（天平十七）年四月に入り、不審火による山火事や地震が多発したため、聖武は再び首都選定について官人（同年五月二日）と衆僧（同年五月四日）への諮問を実施する。その結果は平城京への還都が圧倒的に支持されたため、聖武はやむを得ず、平城京に戻らざるを得なかった。こうして、長屋王の怨霊鎮伏をめざした平城京からの逃避、鎮護国家の象徴的宮都づくりという二つの目的を具現しようとした聖武の呪的試行は、実を結ぶことなく頓挫してしまう。

更に、第三段階の鎮護国家の構築については、七四一（天平十三）年二月十四日、「国分寺・国分尼寺建立の詔」を、二年後には「大仏造立の詔」も発し、意欲的に取り組んでいることがわかる。結果的には、盧舎那仏を本尊とする金光明四天王護国之寺が平城京に、全国には国分寺・国分尼寺が建立されることとなった。ただ、大仏は聖武が願った紫香楽宮ではなく、また、怨霊鎮伏に向けた知識結による積善の結実としての造立とはならなかった。

このような結果に聖武は落胆したが、敢えてこれを容認し、また、新しい大規模な試行にも取り組むことはなかった。「関東行幸」から始まる「彷徨五年」は、聖武としては果敢に挑んだ国家的な試行であったが、挫折のくりかえしは、長らく「深宮」で育てられた聖武には耐えられなかったのであろう。そのため、長屋王の怨霊鎮伏を目的とする聖武の呪的試行は、この後、しだいに縮小化し、個人的な出家、そして、逃避的な譲位へと志向し始めていくことになる。

おわりに

小野老《おののおゆ》が詠んだ「あをによし寧楽《なら》の京師《みやこ》は咲く花の薫ふがごとく今さかりなり」（『万葉集』巻三―三二八）の歌は、あまりにも有名である。そのため、平城京（七一〇～七八四）は「聖武」という諡号《しごう》を贈られた天皇のもとに仁政が施かれ、「天平」という年号とともに雅やかで泰平な宮都であった、というイメージが浮かんでくる。

軒を大きく張り、堂々と建つ大極殿、白壁に朱塗りの柱がまぶしい朱雀門、七十四メートルの幅で一直線にのびた朱雀大路、その遙かかなたには天高く羅城門がそびえ建つ。四大寺の大堂伽藍が甍を競い、大陸風の街並みには多くの人々が集い賑わっていたことだろう、と。そして、このイメージは平城京に先立つ藤原京（六九四～七一〇）においても類似するものであろう。

しかし、人々は目前で展開される現実世界に居住するとともに、まったく別の異界にも同居していたのである。それは、人智を超えた神仏の世界であった。人々は神仏を畏敬するとともに畏怖し、人間の行為をふくめた森羅万象の裁定を、その意志に委ねていたのである。

その結果、怨霊による「祟り」と神仏による「天罰」が、人々の道徳の規範として位置づき、滅罪の意識を自覚した人々の心には「祟り」や「天罰」が憑依《ひょうい》し、恐怖を煽り立てることになった。そして、その恐怖を忌避しようとする願望が冥界的要因となり、多くの呪的行為を展開させていたのである。

また、死者の「祟り」は為政者がおこなった不正を、周囲の人々が糾弾する一手段として存在してもいた。この点は神仏の「天罰」においても同様である。時の権力者を批判することは、容易に実行できるものではない。そのため、「祟り」と「天罰」が果たした役割の中に、欠かせない視点として位置づけておく必要がある。

加えて、「天罰」は儀式の聖性を護持するという重要な役割をも果たしていた。ところが現在では、神仏による「天罰」に対して畏怖することが少なくなった。そのため、古代から継承された神聖な儀式であっても、形骸化した非科学的な行為として認識されがちである。皇位継承や改元がなされようとする昨今でもあり、古代から継承されている儀式には、現代人には理解しがたい真意が内在していたことを再認識する必要があるのではないだろうか。

ところで、本書では天武天皇と持統女帝、そして、藤原不比等を中心として論述したが、この中で当然、扱わなければならない一人の人物を欠いている。それは「県犬養橘三千代」である。

三千代は天武天皇の後宮に出仕し、夫である美努王《みののおおみ》との間に二男一女をもうけている。その後、珂瑠皇子の乳母《めのと》として持統女帝にも仕えながら、夫の美努王が生存しているにもかかわらず不比等と再婚（重婚）し、光明子を誕生させている。

このような立場にいた三千代であるから、持統女帝や不比等とともに、多くの策謀に関わっていたであろうことは間違いない。また、彼女の子女たちがその後の皇位継承に大きく関わり、様々な策謀を展開し、逆に巻き込まれて没落してもいる。

その三千代を外した理由は、現時点において筆者がこの女性について、納得できる形で人物像を把握しきれていないためであり、機会があれば今後、追究してみたいと考えているからである。
最後に、本書の出版にご理解とご浩恩を頂いた慧文社代表取締役の中野淳氏、編集を担当して頂いた松尾裕起氏および長島慎氏に、あらためて御礼を申し上げます。

平成三十年一月

宮澤和穂

［著者］宮澤　和穂（みやざわ・かずほ）

1955 年　長野県長野市戸隠生まれ
1978 年　皇學館大学文学部国史学科卒
現在　長野市立信州新町公民館長

著書
『戸隠竜神考―隠された原祭神を追う―』（銀河書房・1992）
『天武・持統天皇と信濃の古代史』（国書刊行会・2003）
『玄冬の戸隠』（龍鳳書房・2011）
『鬼無里への誘い』（ほおずき書籍・2014）

古代《こだい》の皇《こう》位《い》継承《けいしょう》
天武《てんむ》系皇統《けいこうとう》をめぐる「祟《たた》り」と「天罰《あまつつみ》」

平成 30 年 4 月 24 日初版第一刷発行

著　者：宮澤《みやざわ》 和穂《かずほ》
発行者：中野 淳
発行所：株式会社 慧文社《けいぶんしゃ》
〒 174-0063
東京都板橋区前野町 4-49-3
〈TEL〉 03-5392-6069
〈FAX〉 03-5392-6078
E-mail:info@keibunsha.jp
http://www.keibunsha.jp/
印刷所：慧文社印刷部
製本所：東和製本株式会社
ISBN978-4-86330-192-4

（株）慧文社
〒174-0063　東京都板橋区前野町4-49-3 TEL 03-5392-6069　FAX 03-5392-6078
http://www.keibunsha.jp/